INTERPRETATIONSHILFE
DEUTSCH

Friedrich Schiller

Kabale und Liebe

Interpretiert von Thorsten Zimmer

STARK

Bildnachweis

Seite 3: Friedrich Schiller als Regimentsmedikus. Gemälde von Philipp Friedrich von Hetsch, 1781 oder 1782. © Schiller-Nationalmuseum, Deutsches Literaturarchiv, Marbach
Seite 10: Karl Eugen, Herzog von Württemberg. © Schiller-Nationalmuseum, Deutsches Literaturarchiv, Marbach
Seite 11: Schloss Solitude, Stuttgart (um 1765). Gouache von Adolf Harper. © LMZ-BW / Robert Bothner
Umschlagbild und Seite 16, 20, 22, 26, 29: Friedrich Schiller, Kabale und Liebe. Kupferstiche von Daniel Chodowiecki, 1786. © Schiller-Nationalmuseum, Deutsches Literaturarchiv, Marbach
Seite 60 links: Gotthold Ephraim Lessing. Stahlstich von Anton Graff (Urheber) und Lazarus Gottlieb (Stecher), 1771 © Schiller-Nationalmuseum, Deutsches Literaturarchiv, Marbach
Seite 60 rechts: Umschlagbild Gotthold Ephraim Lessing, Hamburgische Dramaturgie, 1769 © Schiller-Nationalmuseum, Deutsches Literaturarchiv, Marbach
Seite 80: Fr. Schiller, Kabale und Liebe: Ferdinand (Gerd Böckmann), Luise Miller (Susanne Tremper); Inszenierung Hans Hollmann; Bühnenbild Thomas Richter-Forgách; Schiller-Theater West-Berlin 1969. © Pressefoto Binder, Berlin

Der Verlag hat sich bemüht, die Urheber der in diesem Werk abgedruckten Abbildungen ausfindig zu machen. Wo dies nicht gelungen ist, bitten wir diese, sich ggf. an den Verlag zu wenden.

ISBN: 3-89449-600-2

D-85318 Freising · Postfach 1852 · Tel. (0 81 61) 17 90
u 10-05

Inhalt

Autor: Thorsten Zimmer

Vorwort

Liebe Schülerin, lieber Schüler,

die Lektüre von Schillers „bürgerlichem Trauerspiel" *Kabale und Liebe* mag Ihnen – vor allem wegen der Fülle an veralteten und schwer verständlichen Formulierungen – vielleicht mühsam und schwierig erscheinen. Erst das genauere Einlassen auf den Handlungsverlauf und seine Auslöser wird Ihnen die zeitlos-wertvollen Dimensionen des Stücks eröffnen. Unterstützung auf diesem Weg bietet vorliegende Interpretationshilfe.

Wie eng das Trauerspiel mit der Biografie seines Autors und mit dem zeitgeschichtlichen Kontext seiner Entstehung verbunden ist, zeigt der kurze Aufriss zum **biografisch-historischen Hintergrund**. Die **Inhaltszusammenfassung** soll als handhabbarer Überblick über das Gesamtdrama, aber auch als Verständnishilfe für die oft schwer verstehbaren Formulierungen und Dialoge dienen. Kapitel zur Analyse des **Aufbaus** und der **Sprache** des Stücks untersuchen einige formale Kriterien. Die Erläuterungen zur **Charakteristik der Hauptfiguren** sollen dabei helfen, die einzelnen Akteure, ihre Motivationen und ihr Verhalten besser zu verstehen. Mit einer gattungsgeschichtlichen Einordnung von *Kabale und Liebe* beschäftigt sich das Kapitel, in dem es um das **Bürgerliche Trauerspiel** geht. Eine zusammenfassende Anwendung der gesamten Interpretationshinweise wird schließlich in der **Interpretation von Schlüsselszenen** versucht.

Da bei einer Beschäftigung mit einem Theaterstück immer auch die Aufführungen und deren Wirkung zu beachten sind, finden sich abschließend einige Hinweise zur **Rezeptions- und Wirkungsgeschichte**.

Thorsten Zimmer

Einführung

„Man kann sich auch in alles 'reinsteigern." – Eine Bemerkung, die angesichts von Schillers Trauerspiel *Kabale und Liebe* aus heutiger Sicht sicherlich an so mancher Stelle angebracht ist. Vergegenwärtigt man sich dann noch das Alter des Stücks, welches sich in der ein oder anderen sprachlichen Formulierung feststellen lässt, scheint die Frage nach dem Sinn einer heutigen Auseinandersetzung mit diesem Werk in der Tat berechtigt.

Schnell kann auf die Bekanntheit Schillers und seine enorme Bedeutung für die deutsche Literaturgeschichte verwiesen werden, schnell lässt sich die Stellung von *Kabale und Liebe* in der Entstehungsgeschichte der Gattung des bürgerlichen Trauerspiels anführen, doch ob der Rezipient damit tatsächlich von der Zeitlosigkeit der Dialoge überzeugt werden kann, bleibt fraglich.

Was macht dieses im Jahre 1784 entstandene Stück denn nun so „**zeitlos**", dass es heute immer noch auf den Bühnen gespielt und in den Schulen besprochen wird ?

Zunächst bietet Schiller – in pointierter Nuancierung – einen anschaulichen und kurzweiligen Einblick in die gesellschaftliche Situation am Ende des 18. Jahrhunderts. Obwohl die Ideen der Aufklärung längst um sich greifen, regieren die absolutistischen Fürsten der deutschen Kleinstaaten weiterhin despotisch und selbstsüchtig. Die Unterlegenheit des Bürgertums wird auf verschiedensten Ebenen spürbar – und eben dies bringt Schiller auf die Bühne. Seine Darstellung bleibt dabei aber keinesfalls rein deskriptiv. Zumindest tendenziell versteht sich *Kabale und Liebe* auch als Anklage. Die Kritik zielt dabei ebenso auf Herrscherwillkür und Unterdrückung der Untertanen wie auf die resignative Akzeptanz der gesellschaftlichen Situation von Seiten der

Bürger. Diese Botschaft Schillers muss sich nicht allein auf die damalige Zeit beziehen. Ohne Frage finden sich in der jüngeren Geschichte – mal mehr und mal weniger – Konstellationen, die an die Machtstrukturen und -methoden des Stücks erinnern. Auch in dieser Gesellschaft mahnt das Stück den Zuschauer oder Leser dazu, seine eigene Rolle zu überdenken.

Unterstützt wird die Aktualität durch die geschickte psychologische Zeichnung der Protagonisten in *Kabale und Liebe*. Sicherlich wirken die Charaktere bisweilen karikaturhaft übertrieben, allein aber durch die Konsequenz, der sie in ihrem Verhalten unterliegen, wird die Handlung berechenbar und durchschaubar. Anhand weniger ausgewählter Figuren gelingt es Schiller somit, ein Bild der Welt auf die Bühne zu bringen, welches zwar auf wenige, besonders zugespitzte und augenfällige Episoden reduziert ist, ansonsten aber ähnlich funktioniert. Aus der Vielfalt der komplexen und verwirrenden Situationen, denen der Mensch in der Welt begegnet, wählt Schiller einiges Exemplarische heraus. Einfacher als im wirklichen Leben erlaubt das Geschehen auf der Bühne eine exakte Analyse, ein Durchschauen von Strukturen, ein Erkennen von Ursachen und Wirkungen, von Intrigen und deren Konsequenzen. Ohne selbst in das Geschehen verwickelt zu sein, bekommt der Rezipient die Möglichkeit, für sein eigenes Leben zu lernen. Auch auf seine Umwelt lassen sich vielleicht die gesehenen Strukturen übertragen, sodass diese möglicherweise durchsichtiger und weniger verwirrend wird. Die Beschäftigung mit dem Stück wird so zur Übungseinheit für das eigene Leben. Selbst der Leser, der den Entscheidungen der Protagonisten nicht zustimmt oder ihr Verhalten für überzogen und unangemessen hält, bleibt von dem Lerneffekt nicht ausgenommen. Schon sein Widerspruch ist Ergebnis einer Auseinandersetzung mit der kleinen Welt der Bühne.

Kurz: *Kabale und Liebe* ist eine Liebesgeschichte, bei der es auch dem heutigen Leser oder Zuschauer nicht langweilig wird.

Biografisch-historischer Hintergrund

Lebenslauf Friedrich Schillers

Friedrich – eigentlich Johann Christoph Friedrich – Schiller kam am 10. November 1759 in Marbach am Neckar zur Welt. Sein Vater Johann Kaspar Schiller (1723–1796) stand als Offizier im Dienst des württembergischen Herzogs Karl Eugen. Schillers Mutter war die Gastwirtstochter Elisabeth Dorothea (1732–1802), gebürtige Kodweiß. Neben Friedrich gehörten noch drei Schwestern zur Familie, man lebte in relativ bescheidenen Verhältnissen.

Schon früh tendierte Schiller dazu, Geistlicher zu werden, die ersten Stationen seiner Schullaufbahn trugen dem Rechnung. Im Jahre 1773 wechselte der damalige Ludwigsburger Lateinschüler allerdings auf die von Karl Eugen gegründete „Militär-Pflanzschule“. Der Herzog selbst bedrängte Schillers Vater mehrfach, diesen Wechsel herbeizuführen. Fast acht Jahre blieb Schiller auf dieser Militärakademie, die – äußerst streng geführt – unter der ständigen und unmittelbaren Kontrolle des Regenten stand.

Auf Druck des Herzogs widmete sich Schiller ab 1774 dem Studium der Rechtswissenschaft, ab 1775 dem Studium der Medizin. In dieser Zeit begann eine intensive Beschäftigung mit Philosophie und Literatur, die ihm in den Werken Klopstocks, Shakespeares und der jungen Sturm-und-Drang-Dichter begegnete. Auch erste eigene schriftstellerische Versuche fanden statt.

Schiller reichte 1779 eine Dissertation ein, die nicht anerkannt wurde, erst mit einer zweiten Arbeit hatte er ein Jahr später Erfolg. 1780 wurde er aus der Akademie entlassen und als schlecht bezahlter Regimentsmedikus in Stuttgart angestellt. Über seine Zeit als Arzt ist wenig überliefert, er führte wohl ein einigermaßen lockeres Leben, lebte über seine Verhältnisse und widmete sich nebenbei immer stärker seinen literarischen Interessen.

Nachdem Schiller im Mai 1782 eine heimliche Reise nach Mannheim – die Stadt lag aus württembergischer Sicht damals im Ausland – unternommen hatte, bestrafte Karl Eugen den Eigensinnigen mit Arrest. Schriftstellerische Tätigkeiten wurden ihm verboten, da der Anlass der Reise mit Derartigem im Zusammenhang stand: Schiller reiste nach Mannheim, um einer weiteren Aufführung seines beispiellos erfolgreichen Debütdramas *Die Räuber*, welches er 1781 im Stil der Sturm-und-Drang-Dramen verfasst hatte und dessen Mannheimer Uraufführung er am 13. Januar 1782 bereits gesehen hatte, beizuwohnen.

Schiller verbüßte zwar den angeordneten 14-tägigen Arrest, floh dann aber am 22. September 1782 aus Stuttgart. Psychisch wie finanziell in äußerst desolatem Zustand, fand er nach Aufenthalten an einigen anderen Stationen Aufnahme auf dem Gut Bauerbach bei Meiningen (Thüringen), wo er mit der Arbeit an den Dramen *Kabale und Liebe* und *Don Carlos* begann, deren Pläne ihn schon seit längerem begleiteten. Ab 1783 arbeitete er ein Jahr lang als angestellter Dichter des Mannheimer Theaters, Geldsorgen und gesundheitliche Probleme begleiteten ihn allerdings weiterhin. Auch die erfolgreichen Aufführungen von *Kabale und Liebe* in Mannheim und Frankfurt sowie ein weiteres Drama, *Die Verschwörung des Fiesko zu Genua*, das am 20. Juli 1783 in Bonn uraufgeführt wurde, brachten keine langfristige Besserung.

Auch um der immer noch bestehenden finanziellen Not Abhilfe zu leisten, gründete Schiller die Zeitschrift *Rheinische Thalia*, bevor er im April 1785 Mannheim verließ und sich nach Leipzig und Dresden begab. Hier bemühte er sich eifrig um die Fertigstellung des *Don Carlos*. 1787 erschien die erste Druckfassung des Dramas, bei dessen Vorarbeiten er intensive Geschichtsstudien betrieb. Es entstanden die Erzählung *Der Verbrecher aus verlorener Ehre* und *Der Geisterseher* sowie einige Gedichte.

Seit Juli 1787 wohnte der Dichter in Weimar, wo er auf Kontakt mit Goethe, Wieland und anderen Künstlern hoffte. Weitere Gedichte entstanden und Schiller wurde im Jahr 1789 als Professor der Philosophie mit einem Lehrauftrag für das Fach Geschichte an die Universität Jena berufen. Goethe – inzwischen aus Italien zurückgekehrt – unterstützte zwar die akademische Karriere Schillers, nahm ihn als Dichter allerdings noch kaum wahr. Schillers wissenschaftliches Hauptwerk dieser Zeit war die *Geschichte des Dreißigjährigen Krieges*, die schließlich auch der Dramentrilogie *Wallenstein* (1796–99) den Boden bereitete.

Seit 1790 war Schiller mit Charlotte v. Lengefeld verheiratet. 1793 bekam das Paar einen Sohn – das erste von vier Kindern. Schiller selbst war inzwischen an einem Lungenleiden erkrankt, er musste seine Teilnahme am öffentlichen Leben einschränken und die Lehrtätigkeit an der Universität ruhen lassen. Ein Stipendium sicherte ihm ein Auskommen. In den 90er-Jahren begann Schiller eine intensive Auseinandersetzung mit der Philosophie des Aufklärungsphilosophen Immanuel Kant (1724–1804), die er durch eigene Gedanken zu differenzieren und präzisieren versuchte. Schiller gründete die Zeitschrift *Die Horen*, wobei er von seinem Freund Wilhelm von Humboldt unterstützt wurde. Auch Goethe sagte seine Mitarbeit zu. Seit 1794 entwickelte sich zwischen den Dichtern eine intensive Arbeitsfreundschaft. Es kam zu einem fruchtbaren geistig-literarischen Austausch zwischen Schiller und Goethe, die sich gegenseitig zu einem merklichen Aufblühen ihrer schriftstellerischen Tätigkeiten anregten. Die Zusammenarbeit zwischen den beiden Dichtern bildete das Rückgrat der später so bezeichneten „Weimarer Klassik“.

Schiller orientierte sich weiterhin an Weimar und war sich inzwischen bewusst, dass seine Krankheiten ihm nicht mehr viel Zeit lassen würden. In rastlosem Arbeitseifer verfasste er die Dramen *Maria Stuart* (1800), *Die Jungfrau von Orleans* (1801), *Die Braut von Messina* (1803) und *Wilhelm Tell* (1804), außerdem entstanden weitere Gedichte und Übersetzungen zahlreicher fremdsprachiger Theaterstücke. Schiller – seit 1802 geadelt – starb am 9. Mai 1805. Der Leibarzt, der den von langer Krankheit gezeichneten Körper des Dichters obduziert hat, schrieb an den Herzog von Weimar: „Bei diesen Umständen muss man sich wundern, wie der arme Mann so lange hat leben können." [1]

Das literarische Werk Friedrich Schillers

Schillers Werk ist sehr facettenreich und vielseitig. Er verfasste Gedichte und Balladen (z. B. *Der Handschuh, Die Bürgschaft*), Erzählungen (z. B. *Der Verbrecher aus verlorener Ehre*), Dramen (z. B. *Die Räuber, Die Wallenstein-Trilogie, Maria Stuart, Wilhelm Tell*), ästhetisch-philosophische (z. B. *Über naive und sentimentalische Dichtung*) und historische Schriften (z. B. *Geschichte des Dreißigjährigen Krieges*).

Die Auflehnung gegen die absolutistische Despotie und die exemplarische Beschreibung von selbstbewusstem individuellem Freiheitsstreben stellen Schillers frühe Dramen in den Kontext der Genie-Periode des **Sturm und Drang**. Vor allem in seinem ersten Stück *Die Räuber* (1781) zeigt der Dichter einen Helden, der sich – von seinem Bruder durch Intrigen der Vaterliebe beraubt – gegen die Gesellschaft („das tintenklecksende Säkulum") aufzulehnen versucht. Er schließt sich einer Räuberbande an, kämpft für Freiheit und gegen Tyrannei. In der letztlichen Anerkennung einer übergeordneten, überindividuellen sittlichen Ordnung – der Räuber erfährt und erkennt nämlich die Gefahren des gesetzlosen Lebens – weicht Schiller von der Dramatik des Sturm und Drang ab. Deren bedingungsloses Propagieren individueller Vorstellungen einzelner Helden gerät bei Schiller an die Grenzen eines objektivierten ethischen Konzepts.

Vor allem in der scharfen Kontrastierung der Stände sowie der Anprangerung sozialer Missstände und despotischer Herrscherwillkür mag auch *Kabale und Liebe* der Dramatik des Sturm und Drang zugerechnet werden.

Darüber hinaus lassen sich Schillers frühe Dramen eindeutig dem Kontext eines **aufklärerischen Theaterverständnisses** zuordnen, wie es etwa von G. E. Lessing vertreten wurde. Schillers theatertheoretische Überlegungen werden zum Beispiel greifbar in seiner Schrift *Was kann eine gute stehende Schaubühne eigentlich wirken?* (1785), deren überarbeitete Form den programmatischen Titel *Die Schaubühne als moralische Anstalt* (1802) trägt.

Schiller erörtert hierin die Möglichkeiten eines fest installierten Nationaltheaters, das – im Unterschied zu den verbreiteten Wanderbühnen – durch anspruchsvolle und ausgewählte Spielpläne einen weit reichenden Beitrag zur „Menschen- und Volksbildung" leisten kann. Die **Bühne** wird für Schiller zu einer Art Staatsorgan, das als Ergänzung zur Religion und dem „Gebiet der weltlichen Gesetze" die Funktion einer **moralischen Erziehungs- und Gerichtsinstanz** übernehmen kann: Die Schaubühne übernimmt „Schwert und Waage und reißt die Laster vor einen schrecklichen Richterstuhl". Besondere Wirkung erzielt das Theater dadurch, dass es die Gesetze nicht nur nennt, sondern deren Übertragung auf „wirkliches Handeln" zeigen will. Der Ansatzpunkt der Bühne ist dabei ein didaktisch-psychologischer, ihre Wirkung zielt auf das Gewissen der Menschen, ihre Mittel sind Anschaulichkeit und das Wecken von Emotionen: „So gewiss sichtbare Darstellung mächtiger wirkt als toter Buchstabe und kalte Erzählung, so gewiss wirkt die Schaubühne tiefer und dauernder als Moral und Gesetze." Wenn die Bühnenstücke ein breites – auch anspruchsvolles und vielleicht unreligiöses – Publikum erreichen und von diesem als Instanz ernst genommen werden, können sie zu einem „Wegweiser durch das bürgerliche Leben“ werden. Hier zeigt sich die Nähe von Schillers frühem Theaterkonzept zu den Ideen der Aufklärung: Die Menschen sollen lernen, sich von Vormundschaft zu befreien und sich kompetent auf ihren eigenen Verstand zu berufen.

Erst in Weimar – wesentlich angetrieben durch die Freundschaft zu Goethe – wandelte sich Schiller zum **Klassiker**, der sich bemühte, die dramatischen Mittel derart einzusetzen, dass sich die Schönheit/Ausgewogenheit der literarischen Gestaltung mit der inhaltlichen Aussage der Stücke zu einem harmonischen Gesamtkunstwerk verband. Zunehmend orientierte er sich an der antiken Ästhetik sowie am Menschenbild der Griechen. Die Anliegen seiner frühen Stücke wurden weitergeführt und differenziert. Auch dem klassischen Schiller diente das Theater als Erziehungsinstanz: Der Mensch soll zu einem aus sich heraus vernünftigen und sozialen Handeln und damit zur Selbstverwirklichung zwischen Pflicht und Neigung, Verstand und Gefühl erzogen werden.

Die Entstehungsgeschichte von „Kabale und Liebe“

Kabale und Liebe (Uraufführung 1784) fällt – als zweites Drama nach *Die Räuber* – in die frühe Phase der Schiller’schen Theaterdichtung und kann wegen seiner ausdrücklichen Kritik an Despotie und Machtmissbrauch in die Nähe der Sturm-und-Drang-Dramatik gerückt werden. Ein Schiller-Biograf bemerkt zu dem Stück, es sei „... Schillers erster und letzter Versuch, soziale (‚bürgerliche‘), also politische Verhältnisse seiner Zeit dichterisch vorzustellen, um sie dem Urteil des interessierten (vornehmlich bürgerlichen) Publikums zu unterwerfen.“[2]

Zentraler Gegenstand von *Kabale und Liebe* ist – und dies war damals ein beliebter Topos – die Liebesbeziehung zwischen Angehörigen verschiedener Stände. Schon während seines Arrestaufenthaltes 1782 dürfte Schiller erste Pläne zu *Kabale und Liebe* gefasst haben. Sie verfestigten sich nach der Flucht aus Stuttgart und konkretisierten sich an den verschiedenen Stationen seines Aufenthaltes, vor allem aber auf dem Gut Bauerbach. Briefe vom Januar und Februar 1783 bezeugen die Fertigstellung des Manuskripts. Schiller bekam das Angebot, *Kabale und Liebe* am Mannheimer Theater aufzuführen, wodurch er zu einer Umarbeitung veranlasst wurde. Namentlich die obrigkeitskritische Kammerdienerszene (Szene II,2) fiel wegen ihrer Brisanz dieser Überarbeitung zum Opfer. Die Beschränkung der Aufführungsdauer, eine leichtere Verständlichkeit und die bessere Nachvollziehbarkeit der Entwicklung der Charaktere waren weitere Intentionen bei der Abänderung des Stücks im Laufe seiner frühen Aufführungsgeschichte.

Den Titel seines zweiten Dramas verdankt Schiller übrigens dem Mannheimer Theaterdichter und Schauspieler August Wilhelm Iffland (1759–1814), der um die Publikumswirksamkeit der Überschrift bedacht war. Schiller selbst hatte dem Werk zunächst den Namen *Luise Millerin* zugedacht.

Der zeitgeschichtliche Kontext des Dramas

Das 1784 erschienene Stück trifft in Deutschland auf die politische Situation des **aufgeklärten Absolutismus**, der sich als enge Verbindung zwischen der absolutistischen Staatsform und neuen, „aufgeklärten" Ideen versteht. An Stelle der bisherigen Berufung auf die Herrschaftslegitimation durch „Gottes Gnaden" begannen einige namhafte Herrscher ihren Status durch den Einsatz für das Wohl ihrer Untertanen zu begründen. Namentlich Friedrich II. von Preußen (1712–1786), der sich als „ersten Diener des Staates" bezeichnete, trat auf deutschem Gebiet für eine derart modernisierte Herrschaftsform ein. Er beteiligte sich am aufklärerischen Diskurs seiner Zeit und versuchte den neuen Geist auch in seiner Regierung umzusetzen. In seinem *Politischen Testament* formuliert er:

Die erste Bürgerpflicht ist, seinem Vaterlande zu dienen. Ich habe sie in allen verschiedenen Lagen meines Lebens zu erfüllen gesucht. Als Träger der höchsten Staatsgewalt hatte ich die Gelegenheit und Mittel, mich meinen Mitbürgern nützlich zu erweisen.[3]

Trotz dieser Ansätze kam es noch zu keiner grundsätzlichen Infragestellung des **Ständesystems** durch die Regierenden. Die Einteilung der Menschheit in „Herrschende" und „Untertanen" blieb unhinterfragt, allein das Verhältnis zwischen den Schichten wurde durch den Verweis auf gegenseitige Verpflichtungen neu definiert.

Längst waren die aufklärerischen Gedanken noch nicht von den zahlreichen kleinen Fürstentümern, aus denen Deutschland damals bestand, übernommen worden und auch Schillers Heimatfürstentum Württemberg war alles andere als ein Verfechter derartiger Entwicklungen. Schiller erlebte in dem württembergischen Herzog Karl Eugen (1728–1793) ein anschauliches Beispiel für **Prunk- und Verschwendungssucht**. Karl Eugen imitierte Versailles, den Hof des französischen „Sonnenkönigs" Ludwig XIV., der württembergische Hof wurde als einer der prächtigsten in Europa bezeichnet. Prunkbauten, aufwändige Festlichkeiten und sonstige Unternehmungen zur Unterhaltung und zum Zeitvertreib der Hofgesellschaft vermögen dies zu bezeugen. Von einer Geburtstagsfeier des Herzogs etwa wird berichtet:

Ganz besonders berühmt waren die Feiern, mit denen der Herzog seinen Geburtstag beging. 1763 war in Ludwigsburg bei dieser Gelegenheit eine Orangerie errichtet worden, die tausend

Fuß lang war, so dass die Orangen- und Zitronenbäume hohe, gewölbte Gänge bildeten. Als die Eingeladenen sich in ihnen dem Schloss nähern, befinden sie sich plötzlich in Wolken, die sich aber auf einen Wink des Herzogs teilen und den Olymp mit allen Göttern sehen lassen. Zeus befiehlt, den Palast der Pracht zu errichten, worauf auch die letzte Wolke verschwindet und man im mittleren Schlosshof den Palast erblickt, den goldene Säulen tragen und 200 000 Kerzen und Lampen erleuchten.[4]

Das von dem württembergischen Herzog Karl Eugen (1728–1793, s. Abb. S. 10) errichtete Lustschloss Solitude bei Stuttgart.

Finanziert wurden derartige Exzesse mit dem Geld, das den Untertanen abgepresst wurde. Rücksichtslos wurde mit deren Hab und Gut verfahren. So war es den Bauern zum Beispiel bei Zuchthausstrafe verboten, das Wild, welches in Überzahl vorhanden war und regelmäßig die Ernten bedrohte, zu jagen, da es allein der herzoglichen Jagdverwaltung unterlag. Ein anderes Beispiel berichtet, dass die Hofgesellschaft zu einer Maskerade, bei der man in Bauernkleidung erscheinen sollte, den Bauern ihre Sonntagskleider leihweise abnötigte.

Eine in den deutschen Fürstentümern weit verbreitete und oft angewandte Möglichkeit zur Beschaffung von Geld war der **Verkauf von Soldaten** an andere Länder. Begonnen während des Siebenjährigen Krieges (1756–1763), in welchem Preußen unter anderem gegen Österreich und dessen Verbündete im Felde stand, fand diese Praxis auch während des amerikanischen Unabhängigkeitskrieges (1775–1783) rege Anwendung. Herzog Karl Eugen von Württemberg bildete in den Reihen der Fürsten auch in diesem Punkte keine Ausnahme.

Ein weiteres Kennzeichen des damaligen Hoflebens stellt das **Mätressenwesen** dar. Fielen derartige Gewohnheiten zunächst beim Volk dermaßen in Unmut, dass die Frauen vereinzelt sogar mit Kot beworfen wurden, so legte sich der Zorn mit zunehmender Verbreitung. Schließlich empfand das Volk das Fehlen einer Mätresse am Hof als einen Mangel.

> *Das Volk verlernte allmählig seine anfängliche sittliche Entrüstung gegen die fürstlichen Buhlerinnen und jauchzte am Ende selbst diesen zu, wenn sie an ihm im Glanze des mit seinem Schweiße bezahlten Schmuckes vorüberfuhren oder mit verschwenderischer Hand die goldenen Gaben ausstreuten, womit die Freigiebigkeit ihrer fürstlichen Geliebten sie überschüttete.* [5]

Auch hierin entsprach der württembergische Herzog den Gepflogenheiten seiner Kollegen in den anderen Kleinstaaten. Aus dem Jahre 1770 ist berichtet, wie Karl Eugen seine damalige Mätresse Katharina Bonafini nach der Geburt eines Sohnes mit einem Haus abfindet und sie mit einem ehemaligen Soldaten aus seinem Leibcorps verheiratet. Ihre „Nachfolgerin" als Favoritin, die beim Volk recht beliebte Franziska von Hohenheim (1748–1811), hatte angeblich positiven Einfluss auf den Herzog. Schillers Dramenfigur Lady Milford trägt Züge dieser Frau.

Die Biografie des Präsidenten in *Kabale und Liebe* spiegelt ebenfalls Erfahrungen Schillers am württembergischen Hof wider. Der verhasste Minister Samuel Friedrich Graf Montmartin (1712–1778) erreichte es, dass ein Oberst mittels gefälschter Briefe eingekerkert wurde. Schiller selbst wurde nach dem Tode des Betrogenen vom Hofe mit dem Verfassen eines Trauergedichtes beauftragt. Er spricht die erwähnten Intrigen hierin an.

Inhaltsangabe

Um einen detaillierten Überblick über die Handlung von *Kabale und Liebe* zu vermitteln, findet sich im Folgenden der Inhalt Szene für Szene zusammengefasst. Zu Beginn der einzelnen Akte wird außerdem eine Gesamtzusammenfassung der dazugehörigen Szenen gegeben, sodass eine schnelle Orientierung möglich ist.

Akt 1

Zentrales Thema des ersten Aktes ist die Beziehung der Musikertochter Luise Miller zu dem jungen Major Ferdinand von Walter – Sohn des Präsidenten von Walter – und deren Beurteilung seitens der anderen Protagonisten. Scheint Luises Mutter stolz auf den adeligen Liebhaber ihrer Tochter, die sie zu Höherem geboren vermutet, so begegnet der Vater von Beginn an als äußerst skeptisch. Neben den grundsätzlichen Bedenken angesichts des Standesunterschiedes hat Miller auch Zweifel an der Zuverlässigkeit und Aufrichtigkeit des Majors und befürchtet, seine Tochter würde zum Opfer einer bloßen Affäre.

Ausdrücklich lehnt Miller auch den Sekretär des Präsidenten, Wurm, als Schwiegersohn ab, der jedoch – derart beleidigt – dem Präsidenten von der Liebschaft seines Sohnes berichtet. Um die Zweifel seines Herren zu zerstören, schlägt Wurm vor, Ferdinand zu testen. Dieser fällt, nachdem er Luise seiner Liebe über alle Standesunterschiede hinweg versichert hat, auf die Falle herein und wird von seinem Vater dazu verpflichtet, die ehemalige Geliebte des Herzogs, Lady Milford, zu besuchen. Mithilfe des Hofmarschalls von Kalb hat der Präsident nämlich das Gerücht verbreiten lassen, dass sein Sohn diese Lady heiraten werde.

Akt 1, Erste Szene

Der Musiker Miller und seine Frau sind beim Frühstück. Miller äußert große Bedenken über die Beziehung seiner Tochter zum Sohn des Präsidenten, da er die Zukunft seiner Tochter in Gefahr sieht. Er unterstellt dem jungen Baron, allein auf eine Affäre aus zu sein. Seine Liebesbriefe, die Frau Miller als Beleg für den Ernst seiner Absichten erwähnt, interpretiert Miller als gut überlegtes Mittel zum Zweck. Außerdem fürchtet er durch die Bücher, die der Major als Geschenke mitgebracht hat, die Verführung seiner christlich erzogenen Tochter vom Teufel, die geschenkten Groschen erscheinen Miller als das Blutgeld für Luise. In seinem Zorn beschimpft er seine Frau sogar als Kupplerin, da diese – den sozialen Aufstieg der Tochter erhoffend – seine Vorwürfe zu beschwichtigen sucht. Er beschließt, den Präsidenten zu besuchen, um ihm von der Verbindung zu berichten und die vermeintliche sexuelle Ausnutzung seiner Tochter früh genug abzuwehren.

Akt 1, Zweite Szene

Der Sekretär Wurm kommt hinzu und möchte Luise besuchen, die ihm von Miller als Ehefrau versprochen worden ist. Miller bemüht sich, seiner Frau das Wort zu verbieten. Mehrfach spielt diese nämlich auf die Verbindung des Majors mit ihrer Tochter an. Wurm erinnert Miller daran, dass ihm die Tochter versprochen wurde, und erbittet des Vaters Hilfe bei der Werbung um Luise, seine gesicherten Verhältnisse und den Ernst seiner Absichten erwähnt er zur Untermauerung seines Anliegens. Miller, der nur anfangs auf der Seite Wurms zu stehen scheint, lenkt ein: Einem Mann, der bei der Brautwerbung auf die Hilfe des Vaters angewiesen ist, möchte er die Hand seiner Tochter nicht geben.

Akt 1, Dritte Szene

Luise kehrt aus der Kirche zurück und bekennt ihren Eltern schlechten Gewissens, dass ihre Gedanken allein um Ferdinand kreisen. In poetischen Bildern beschreibt sie die Intensität ihrer Liebe zu dem jungen Major. Miller erinnert sie an den Standesunterschied und die Unmöglichkeit einer Heirat, woraufhin Luise auf das Leben nach dem Tod hinweist, in welchem jegliche Standesunterschiede aufgehoben werden. Nun kündigt sich der Auftritt des Majors an.

Akt 1, Vierte Szene

Ferdinand von Walter besucht Luise, um sich ihrer Liebe zu vergewissern. Nach der Ursache ihres blassen Aussehens befragt, deutet sie nun ebenfalls die Standesproblematik an, sie befürchtet eine Trennung. Ferdinand beteuert die Aufrichtigkeit seiner Liebe und bemüht sich, Luises Bedenken zu zerstreuen. Er deutet an, Luise heiraten zu wollen, und versichert, nichts zu fürchten außer den Grenzen ihrer Liebe. Luise lässt sich nicht umstimmen. Sie wirft dem Major vor, ihr vormals friedsames Herz durch unerfüllbare Wünsche für immer in Unruhe versetzt zu haben.

Akt 1, Fünfte und Sechste Szene

Sekretär Wurm unterrichtet den Präsidenten von der Liaison zwischen Ferdinand und Luise. Auch hier wird seine Eifersucht durchschaut, zumal der Präsident die Beziehung nicht ernst nimmt. Er spricht von einem Abenteuer, das er dem Sohn gerne gönne. Um den Einfluss seiner Familie am Hof zu stärken, plant der Präsident, Ferdinand in allernächster Zeit mit der einflussreichen Lady Milford, einer Mätresse des Herzogs, zu verheiraten.

Um allerdings ganz sicher zu gehen, dass ihm Luise bei diesen Plänen nicht in die Quere kommt, geht der Präsident auf Wurms Vorschlag, Ferdinand einer Prüfung zu unterziehen, ein: Er bittet den eintretenden Hofmarschall von Kalb, seinen Sohn bei der Lady Milford anzumelden und die Nachricht von der bevorstehenden Hochzeit in der ganzen Stadt zu verbreiten, wovon er sich eine sichere Verwirklichung seines Plans verspricht.

Akt 1, Siebte Szene

Der Präsident erwähnt gegenüber Ferdinand die illegitimen Mittel, mit denen er seinen Vorgänger aus dem Amt vertrieben hat. Er gaukelt ihm ein schlechtes Gewissen vor und beteuert, dies nur getan zu haben, um seinem Sohn eine gute Karriere zu ermöglichen. Ferdinand wendet sich deutlich und ausdrücklich gegen seinen Vater. Ein Erbe, das mit einem Verbrechen verbunden ist, will er nicht annehmen. Ferdinand betont, dass nicht Macht und Herrschaft sein Glück ausmachen, sondern Wünsche, die aus dem Herzen kommen. Auf die Nachricht der geplanten Hochzeit mit der Lady Milford reagiert Ferdinand bestürzt und ungläubig, keinesfalls will er mit der bekannten Geliebten des Herzogs in Verbindung gebracht werden, da ihm der damit verbundene Ehrverlust als zu großer Preis erscheint.

Der Präsident greift Wurms Plan auf und schlägt seinem Sohn die Verlobung mit der unbescholtenen Gräfin von Ostheim vor. Ferdinand sucht auch hier nach Ausflüchten und bestätigt in den Augen des Präsidenten Wurms Vermutungen. In einem – auf Ferdinand befremdlich wirkenden – Machtwort befiehlt er seinem Sohn, der Milford den angekündigten Besuch abzustatten.

Daniel Chodowiecki (1786): Kupferstich zu der Szene I, 2

Akt 2

Ferdinand führt den Befehl, die Lady Milford zu besuchen, aus. Als diese von ihrem tragischen Leben und ihren Bemühungen um das Wohl der Untertanen erzählt, ändert Ferdinand sein zunächst abweisend-kaltes Verhalten. Die Milford hat die Aufrichtigkeit ihrer Sympathien für das einfache Volk schon vor dem Auftreten des Majors bewiesen, indem sie wertvolle Edelsteine, die ihr der Herzog als verfrühtes Hochzeitsgeschenk überbringen ließ, armen Familien vermachte. Der Kammerdiener hat ihr davor berichtet, welch grausame Methoden der Herzog gegenüber seinen Untertanen anwendet, um seinen Profit zu steigern. Beeindruckt von ihrem Schicksal und Charakter, eröffnet Ferdinand der Lady seine Liebe zu Luise, die Gerüchte über die Hochzeit machen in den Augen der Milford deren Durchführung aber unabwendbar.

Anschließend überschlagen sich bei den Millers die Ereignisse. Der Präsident selbst betritt das Haus, um die Verhältnisse in seinem Sinne zu klären. Er beleidigt die Musikerfamilie, droht dem Vater mit dem Galgen und möchte Luise an den Pranger stellen. Ferdinand versucht alles, um sie vor dieser Schmach zu bewahren, doch erst als er seinem Vater mit der Aufdeckung seiner Verbrechen droht, wird Luise frei gegeben.

Akt 2, Erste Szene

Auf den Major wartend, beklagt Lady Milford gegenüber ihrer Kammerjungfer Sophie unruhig und aufgewühlt die Falschheit, Herzlosigkeit und Langeweile ihres höfischen Lebens. Ihre Verbindung mit dem Fürsten sieht sie allein auf Ehrgeiz gegründet, ihr Herz habe sie sich frei gehalten. Sie bekennt ihrer erstaunten Kammerjungfer, dass sie darauf warte, ihre Liebe dem Major Walter entgegenzubringen. Sie selbst ist der Initiator aller Spekulationen um eine Hochzeit zwischen ihr und dem Major. Die Lady malt sich an der Seite Ferdinands ein schöneres und erfüllteres Leben aus und plant, mit ihm den Hof zu verlassen.

Akt 2, Zweite Szene

Ein Kammerdiener bringt der Lady Milford im Namen des Herzogs wertvolle Brillanten als Hochzeitsschmuck. Im Gespräch eröffnet er ihr, dass diese durch den Verkauf von siebentausend Landeskindern, die als Soldaten für England im amerikanischen Bürgerkrieg kämpfen sollen, finanziert worden sind.

Die Beschenkte, die sich prinzipiell als Wohltäterin des Volkes versteht, ist empört über die schrecklichen Methoden des Menschenhandels, von denen der Kammerdiener anschaulich berichtet. Ohne Angst vor dem Zorn des Herzogs befiehlt sie, die Edelsteine zu verkaufen und das Geld an arme Familien weiter zu geben. Sophie reagiert unverständig. Der Major Walter wird angekündigt.

Akt 2, Dritte Szene

Kalt und vorwurfsvoll tritt Ferdinand Walter der Lady gegenüber und lässt keinen Zweifel daran, dass sein Besuch allein auf dem Befehl des Vaters gründet und keinerlei eigenes Interesse beweist. Er wirft der Milford Ehrlosigkeit vor und spricht ihr ab, eine echte, freie Britin zu sein.

Mit derartigen Vorwürfen konfrontiert, sieht sich die eigentlich zurückhaltende Lady gezwungen, von ihrem Lebenslauf und ihrem Einsatz für das Volk zu berichten. Ergreifend beschreibt sie ihr eigenes Schicksal und nennt Beispiele, in denen sie ihren Einfluss auf den Herzog ausgenutzt hat, um Menschen von der Sklaverei oder vom Tod zu befreien. Sie bekennt dem Major ihre Liebe. Dieser bemerkt – von den Worten der Lady beeindruckt –, dass er ihr durch seine Vorwürfe großes Unrecht zugefügt hat, und erzählt von seiner Liebe zu der bürgerlichen Musikertochter Luise Miller. Trotz dieses Bekenntnisses hält die Lady daran fest, dass die Hochzeit zwischen ihr und Ferdinand durchgeführt werden muss. Zu weit seien die Gerüchte schon verbreitet, zu groß wäre der Ehrverlust im Falle einer Absage.

Akt 2, Vierte Szene

Mit großer Aufregung und enormem Lärm wirft der Musiker Miller seiner Frau vor, dem Sekretär Wurm zu viel über die Beziehung zwischen Luise und dem Major erzählt zu haben. Ein Diener des Ministers, der an der Haustür nach ihm verlangt, ist für Miller ein Beweis, dass der Sekretär seinem Herren von der Verbindung erzählt hat. Miller beschließt, selbst zum Minister zu gehen und die Sache zu erklären. In seiner Aufregung denkt er auch daran, mit Luise über die Grenze zu fliehen.

Akt 2, Fünfte Szene

Ferdinand stürzt erschrocken und aufgeregt in das Zimmer und fragt die bestürzte Familie Miller, ob sein Vater bereits hier gewesen sei. Ferdinand bekräftigt erneut die Aufrichtigkeit seiner Liebe zu Luise. Allein aus der Erwähnung des Vaters und der Lady folgert diese aber, dass sie keine echte Chance hat, mit Ferdinand zusammenzubleiben. Sie begibt sich in die Obhut ihres Vaters. Miller wirft Ferdinand vor, seine Tochter nur aufgrund oberflächlicher, unernster Gelüste verführt zu haben. Er stellt sich Ferdinand, der seinem Vater die Liebe zu Luise gestehen will, in den Weg. Ferdinand fasst noch einmal Luises Hand. Auf dem Weg aus dem Haus trifft er auf seinen Vater.

Akt 2, Sechste Szene

Herrisch tritt der Präsident auf und führt ein Verhör mit den Millers durch. Ferdinand unterbricht seine Fragen, um vor dem Vater den Ernst seiner Absichten zu bestätigen. Der Präsident behandelt Luise wie eine Prostituierte, worauf Ferdinand sich von seinem Vater lossagt. Auch Miller ist empört über die Reden und reagiert nun seinerseits beleidigend. Er will den Präsidenten vor die Tür setzen, gibt aber bald wieder nach. Der Präsident schwört der ganzen Familie Rache. Millers Plan, den Herzog um Hilfe zu bitten, verhindert er.

Akt 2, Siebte Szene

Der Präsident will Luise mitnehmen und an den Pranger stellen lassen, Miller droht er sogar mit dem Galgen. Ferdinand zieht den Degen und stellt sich gegen seinen Vater. Da er dabei die Gerichtsdiener, die den Befehl des Präsidenten ausführen wollen, verletzt, muss sich der Präsident selbst um die Festnahme der Musikertochter kümmern. Ferdinand bemüht alle Mittel, um Luise aus der Hand seines Vaters zu befreien, und droht schließlich damit, dessen illegales Vorgehen beim Erwerb des Präsidentenamtes aufzudecken. Erst jetzt gibt der Präsident Luise frei.

Daniel Chodowiecki (1786):
Kupferstich zu der Szene II, 3

Akt 3

Um den Präsidenten vor Ferdinands Verrat zu bewahren und die Angelegenheit in dessen Sinne zu regeln, spinnt Wurm eine Intrige. Luise soll durch die Festnahme ihrer Eltern erpresst werden, einen fingierten Liebesbrief an den Hofmarschall von Kalb zu schreiben, den dieser – ebenfalls in die Intrige verstrickt – öffentlich verlieren soll. Für Ferdinand soll es den Anschein haben, dass Luise ihm nicht treu ist. Indem Ferdinand Luise einen anderen Liebhaber unterstellt, deutet sich an, dass Wurms Intrige auf fruchtbaren Boden fällt. Ausgelöst wird Ferdinands Argwohn durch Luises vehemente Weigerung zur gemeinsamen Flucht.

Akt 3, Erste Szene

Wurm und der Präsident unterhalten sich über das Vorgefallene, wobei der Sekretär seine persönlichen Wertvorstellungen offen legt: Krumme Geschäfte und Intrigen sind für ihn das Paradigma, in dem der Höfling bewandert sein muss, Seelengröße und persönlicher Adel – Tugenden, an denen sich Ferdinand orientiert – scheinen ihm fantastische Träumereien. Wurm erbittet von dem ratlosen Präsidenten die Erlaubnis, das weitere Vorgehen in die Hand zu nehmen, und schlägt vor, Luise eine Falle zu stellen: Die Eltern Miller sollen unter Androhung der schlimmsten Strafen festgehalten und nur unter der Bedingung begnadigt werden, dass Luise einen Brief verfasst, in dem sie eine Beziehung mit dem Hofmarschall von Kalb vortäuscht. Sogleich lässt der Präsident die Millers verhaften und bittet den Hofmarschall zu sich.

Akt 3, Zweite und Dritte Szene

Durch Tricks gelingt es dem Präsidenten, Hofmarschall von Kalb für den Plan zu gewinnen. Argumente, die an Erpressung grenzen, veranlassen ihn zur Beteiligung an der Intrige. Kalb soll bei einer Parade den Brief Luises absichtlich verlieren. Wurm bringt die Nachricht von der erfolgreichen Verhaftung der Eltern Luises.

Akt 3, Vierte und Fünfte Szene

Ferdinand möchte Luise zu einer gemeinsamen Flucht überreden, kann seine Geliebte aber nicht von dem Vorhaben überzeugen. Zu sehr hängt sie an ihrem Vater. Außerdem befürchtet sie, den Rest ihres Lebens auf der Flucht vor dem Präsidenten verbringen zu müssen. Für Luise liegt allein in der Trennung von Ferdinand ein realistischer Ausweg aus der Situation und eine Möglichkeit, die alte – in ihren Augen legitime – Ordnung wieder herzustellen. Ferdinand versteht sie nicht, wütend zerschmettert er eine Geige und unterstellt der entschlossen wirkenden Luise einen anderen Grund für ihre Trennung: Er vermutet einen anderen Liebhaber. Luise wundert sich über das Ausbleiben ihrer Eltern.

Akt 3, Sechste Szene

Wurm berichtet der bestürzten Luise von der Festnahme ihrer Eltern. Sofort will diese zum Herzog eilen, um ihm ein schlechtes Gewissen zu machen. Aber Wurm gelingt es durch einen neuen Trick, ihr Vorhaben abzuwenden und Luise dazu zu bewegen, sich den vermeintlichen Liebesbrief an den Hofmarschall diktieren zu lassen.

Daniel Chodowiecki (1786):
Kupferstich zu der Szene III, 6

Akt 4

Ferdinand findet den gefälschten Brief. Er ist dermaßen außer sich, dass er die Gelegenheit verpasst, aus dem Munde des Hofmarschalls, den er mit einer Pistole bedroht, die Wahrheit über die Intrige zu erfahren. Er beschließt – nachdem er auch seinen Vater von Luises Falschheit und gespielter Tugendhaftigkeit betrogen glaubt –, sich selbst und Luise zu ermorden, um wenigstens in der Hölle eine Vereinigung herbeizuführen.

Luise ist indes zur Lady Milford gebeten worden. Es gelingt ihr hier, die Konkurrentin, die unter Berufung auf ihren Stand die Freigabe Ferdinands erbittet, von der Unzulänglichkeit und Falschheit des adligen Lebens zu überzeugen. Luise teilt ihren Verzicht auf Ferdinand tatsächlich mit, prophezeit seiner Ehe mit der Lady allerdings den Schatten ihres Selbstmordes.

Lady Milford scheint wachgerüttelt von den überzeugenden und bewegenden Worten Luises. In einem Brief erklärt sie ihren sofortigen Abschied vom Hof des Herzogs. Tugend und Empfindsamkeit sollen ihre zukünftigen Leitmaximen sein. Ihr gesamtes Vermögen vermacht sie den Dienern.

Akt 4, Erste Szene

Ferdinand scheint den fingierten Liebesbrief Luises gefunden zu haben. Bestürzt und eilig ist er auf der Suche nach dem Hofmarschall von Kalb.

Akt 4, Zweite Szene

In einem langen, wütenden Monolog äußert Ferdinand sein Entsetzen über Luises Verhalten. Seine früheren Bedenken hinsichtlich der Treue Luises (vgl. Szene III,4) glaubt er nun bestätigt. Der vermeintlich Betrogene zweifelt dabei nicht im Geringsten an der Echtheit des Liebesbriefs. Tief getroffen beschreibt er das ganze Ausmaß seiner Enttäuschung angesichts seiner aufrichtigen, ernst gemeinten Liebe zu Luise.

Akt 4, Dritte Szene

Ferdinand konfrontiert den hinzugekommenen Hofmarschall von Kalb mit dem Brief und fordert ihn zum Duell. Aus Achtung vor der Schöpfung lässt der Major nach einigem Betteln des Marschalls von seiner Forderung ab, droht aber mit einer ungeheuren Rache für den Fall, dass Luise nicht mehr „rein“ sei, für den Fall, dass der Marschall „genoss“, was Ferdinand „anbetete“. Er fordert Kalb auf, zu bekennen, ob er diese Ziele bei Luise bereits erreicht habe, woraufhin der Hofmarschall unter erneuter Bedrohung mit der Pistole Ferdinand die ganze Intrige erklären will. Der Major ist jedoch so erzürnt, dass er die Anspielungen missdeutet und den Hofmarschall von Kalb voller Verachtung aus dem Zimmer wirft.

Akt 4, Vierte Szene

In einem kurzen Monolog bittet Ferdinand Gott um die ewige Vereinigung mit Luise, für die er ohnehin sein Leben hergegeben hätte. Allein der Beschluss, Luise und sich selbst zu töten, scheinen ihm als eine Möglichkeit, sein Ziel zu verwirklichen – den Preis der ewigen Verdammnis will er dafür gerne auf sich nehmen, wenn er diese Ewigkeit mit seiner Geliebten zusammen verbringen kann.

Akt 4, Fünfte Szene

In seiner Verwirrung läuft Ferdinand dem Präsidenten in die Arme. Er entschuldigt sich für sein vormaliges undankbares Verhalten gegenüber dem Vater und ist entsprechend überrascht, dass dieser die Verbindung mit Luise nun zu billigen scheint: „Schönheit“ und „Tugend“ des Mädchens gleichen – so gibt der Präsident vor – ihre bürgerliche Herkunft und Armut aus.

Ferdinands Erschütterung und Enttäuschung steigern sich daraufhin noch, da er glaubt, Luise habe auch seinen Vater mit einer falschen und gespielten Unschuld getäuscht.

Akt 4, Sechste Szene
Lady Milford hat Luise Miller zu sich gebeten und erwartet voller Unruhe ihr Eintreffen. Die Kammerjungfer Sophie durchschaut die Unsicherheit ihrer Herrin und erkennt an deren – besonders prunkvollem – Schmuck, ihrer ausgesuchten Kleidung und der zur Schau gestellten Pracht des Palastes, dass sie der Bürgerstochter den Standesunterschied als letzten Bereich ihrer Überlegenheit demonstrieren will.

Akt 4, Siebte Szene
Schüchtern und untertänig tritt Luise auf. Die Milford gibt sich aufgesetzt hochmütig und herablassend gegenüber ihrer Gegnerin im Kampf um Ferdinand. Schließlich erkundigt sie sich nach dem Alter Luises und bietet ihr an, Sophies Nachfolgerin als Kammerjungfer zu werden. Luise lehnt jedoch ab, woraufhin ihr die Lady Eitelkeit und mangelnde Lebenserfahrung vorwirft. Jugendliche Schönheit beschreibt sie als vergänglich, allein ein Leben in gehobener gesellschaftlicher Stellung bietet in ihren Augen eine langfristige Sicherheit.

Die solcherart angegriffene Luise kontert allen Vorwürfen der Lady Milford ironisch und souverän. Das Standesdenken entlarvt sie als falsch, das Leben der Lady scheint ihr heuchlerisch und ehrlos. Für Luise basiert ein geglücktes Leben auf Tugend und Unschuld.

Offensichtlich unterliegt Lady Milford den Worten der Musikertochter, ihr bleibt nur die Berufung auf ihre Macht, um Luise den Kontakt mit Ferdinand zu verbieten. Doch selbst als die Lady Luise ihr Vermögen anbietet, um Ferdinand auszulösen, hat sie damit wenig Erfolg. Überrascht muss sie zur Kenntnis nehmen, dass Luise ihren Geliebten, mit dem sie sich durch Gottes Willen verbunden sieht, nun trotzdem frei gibt – belastet werden soll die Verbindung zwischen Lady Milford und Ferdinand allerdings mit Luises Selbstmord.

Akt 4, Achte Szene

Lady Milford – so wird in ihrem Monolog deutlich – empfindet Luises Angebot als Demütigung und Beleidigung ihrer Hoheit. Sich an ihren Stolz erinnernd, beschließt sie, nun auch ihrerseits auf Ferdinand und die Vorzüge ihres Standes zu verzichten; die „Tugend" und ihr „Herz" sollen künftig die Grundlagen ihres Lebens sein.

Akt 4, Neunte Szene

Dem buckelnden Hofmarschall, der eben hinzukommt, gibt die Lady einen Brief, in welchem sie ihre Verbindung mit dem Herzog auflöst. Als Grund nennt sie ihre Enttäuschung über dessen demütigenden Umgang mit seinem Volk. Sie vermacht ihre gesamten Besitztümer den Dienern. Durch die Benutzung ihres früheren Namens „Johanna von Norfolk" unterstreicht sie den Ernst ihrer Absichten.

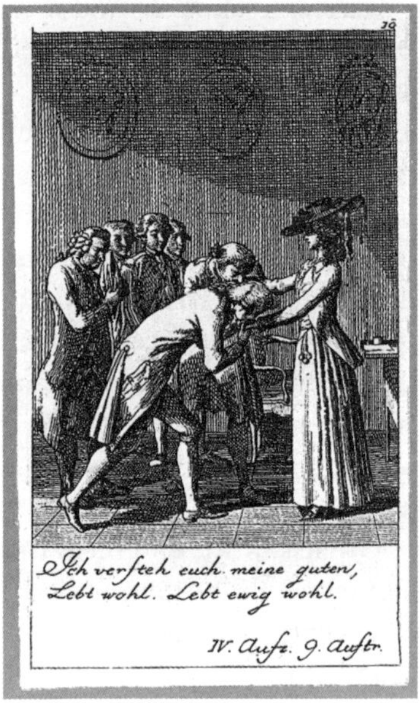

Daniel Chodowiecki (1786):
Kupferstich zu der Szene IV, 9

Akt 5

Miller gelingt es, seine Tochter vom Selbstmordgedanken abzubringen. Man beschließt, die Gegend zu verlassen und anderswo ein neues Leben zu beginnen. Ferdinand betritt das Haus und stiftet erneut Verwirrung. Er berichtet von der Abreise der Lady Milford und will prüfen, ob der Liebesbrief an den Hofmarschall wirklich aus Luises Hand stammt. Noch immer hat er vor, sich und seiner Geliebten das Leben zu nehmen. Durch Ausreden und eine beachtliche Goldsumme zerstört er Skrupel, welche die aufrichtige Liebe des Musikers zu seiner Tochter in ihm wecken. Er schickt Miller mit einem Brief an den Präsidenten aus dem Haus und schafft es, Luises Limonade zu vergiften. Als diese ihr bevorstehendes Ende begreift, bricht sie den Eid der Verschwiegenheit und eröffnet Ferdinand die gesamte Intrige. Erst jetzt gibt dieser die Rolle des beleidigten, betrogenen Liebhabers auf. Auch er hat von der vergifteten Limonade getrunken, plant aber, seinen Vater mit vor den Richterstuhl Gottes zu ziehen. Miller und der Präsident betreten das Haus, es kommt zu Schuldzuweisungen, bei denen der Sekretär Wurm alle Verantwortung von sich weist und ankündigt, die illegalen Geschäfte des Präsidenten endgültig aufzudecken. Ferdinand reicht seinem flehenden Vater die Hand und stirbt. Der Präsident gibt sich in die Hände der Gerichtsdiener.

Akt 5, Erste Szene

Gefasst und scheinbar zufrieden zeigt Luise ihrem Vater einen Brief an Ferdinand, in welchem sie ihren Selbstmord und ein erhofftes Wiedersehen im Jenseits andeutet. Miller ist entsetzt von dem Vorhaben seiner Tochter und sieht im Selbstmord vor allem eine Sünde. Er fleht Luise an, wenigstens um seinetwillen am Leben zu bleiben. Nachdem er ihr verzweifelt, hilflos und resigniert ein Messer reicht, ist Luise dermaßen gerührt, dass sie von ihrem Plan abzukommen scheint. Miller und seine Tochter beschließen, die erinnerungsvolle Gegend zu verlassen.

Akt 5, Zweite Szene

Ferdinand kommt hinzu und macht Luise – aufgrund der Abreise der Milford und dem vermeintlichen Gesinnungswandel seines Vaters – neue Hoffnungen. Miller bittet ihn zu gehen, doch Ferdinand konfrontiert Luise mit dem gefundenen Brief. Er fragt, ob sie die Verfasserin sei. Gedrängt von den Bitten ihres Vaters, der sich aus dem Geständnis das endgültige Ende der gefährlichen Verbindung erhofft, gibt sie ihre Verfasserschaft zu. Die Umstände, unter denen der Brief zustande kam, erklärt sie nicht. Ferdinand ist erneut zutiefst betrübt und erbittet ein Glas Limonade.

Akt 5, Dritte Szene

Vater Miller und Ferdinand erinnern sich an den Beginn ihrer Bekanntschaft: Der Major besuchte die Millers zum Flötenunterricht. Statt dabei die nötige Ruhe zu finden, hat er Luise kennen gelernt, worin der Ausgangspunkt für all die geschehene Unruhe lag. Miller erzählt Ferdinand, wie viel Liebe er seinem einzigen Kind hat zuteil werden lassen.

Akte 5, Vierte Szene

Angesichts dieses Bekenntnisses bekommt Ferdinand Skrupel, Luise und sich zu töten. Erst die Ausflucht, dass die vermeintlich tugendlose und falsche Luise ihrem Vater ohnehin nicht die erwartete Freude einbringen kann, bekräftigt seinen Entschluss.

Akt 5, Fünfte und Sechste Szene

Unter dem Vorwand, den Unterricht nicht bezahlt zu haben, gibt Ferdinand Miller eine beträchtliche Summe an Gold. Miller nimmt das Gold an und malt sich und seiner Familie bedenkenlos eine schöne Zukunft aus. Ferdinand vergiftet unbemerkt die Limonade und schickt Miller mit einem Brief, der angeblich sein Ausbleiben zum Abendessen ankündigen soll, zum Präsidenten.

Akt 5, Siebte Szene

Luise ist unsicher und versucht die Situation mit belanglosen Gesprächen zu bewältigen. Ferdinand spielt noch einmal auf seine Enttäuschung über Luises Falschheit an und bezeichnet sie mehrfach als „Schlange". Beide trinken an der Limonade. Inständig bittet Ferdinand Luise um ein Bekenntnis angesichts ihrer Liebe zum Marschall. Als Luise beginnt, die Intrige aufzudecken, liegt sie bereits im Sterben. Sie berichtet vom Zustandekommen des Briefes und von ihrem Eid, dies nicht zu verraten. Luise stirbt, nachdem Ferdinand den Degen gezogen hat und ankündigt, seinen Vater ebenfalls dem Jüngsten Gericht vorzuführen.

Akt 5, Letzte Szene

Miller kehrt mit dem Präsidenten in das Haus zurück, wo Ferdinand seinen Vater sofort als Urheber der ganzen Intrige anklagt. Der Präsident versucht Wurm verantwortlich zu machen, der sich jedoch von aller Verantwortung lossagt und ankündigt, die Machenschaften des Präsidenten aufzudecken. Auch Ferdinand stirbt nun, nachdem er mit letzter Kraft seinem Vater die Hand gereicht hat. Der Präsident begibt sich widerstandslos in die Hand des Gerichtsdieners.

Daniel Chodowiecki (1786): Kupferstich zu der Szene V, 1

Textanalyse und Interpretation

1 Der Aufbau des Stücks

Friedrich Schiller folgt bei *Kabale und Liebe* im Wesentlichen dem **klassischen Aufbau des fünfaktigen Theaterstücks**. In zwei Punkten allerdings weicht er von dessen Regeln, die – teilweise zu Unrecht – auf Aristoteles zurückgeführt werden, ab:

- Mit dem mehrfachen **Wechsel des Schauplatzes** der Handlung verstößt Schiller gegen die damals noch vorherrschende Konvention der „Einheit des Ortes" innerhalb eines Dramas.
- Gegen die „Einheit der Handlung" verstößt die Integration eines mehr oder weniger **eigenständigen Handlungsstrangs** um die **Lady Milford** in das Geschehen. Vor allem die Kritik der Lady an der Herrschaftspraxis des Herzogs, ihr Auftrag zum Verkauf des geschenkten Schmucks und ihre Trennung vom Hofleben gehören nur am Rande zum Hauptgeschehen um Luise und Ferdinand. Die Milford-Handlung bekommt somit einen auffälligen und wichtigen Stellenwert. Das Publikum sollte die Herrschaftskritik Schillers deutlich verstehen.

Die dritte der „drei Einheiten", die Einheit der Zeit, hält das Stück ein: Die Handlung vollzieht sich an **einem** Tag.

Die Feststellungen über den lockeren Umgang mit den „Einheiten" in *Kabale und Liebe* relativieren sich etwas, wenn man den Aufbau von Schillers früheren Stücken als Vergleichsgröße hinzuzieht. So findet sich etwa in *Die Verschwörung des Fiesko zu Genua* wesentlich häufiger eine Integration kleiner Nebenhandlungen. Zumindest relativ orientiert sich *Kabale und Liebe* damit deutlicher an den Regeln der klassischen Dramatik.

Akt 1

Der erste Akt bildet die **Exposition**. Die handelnden Charaktere werden vorgestellt, ihre Einstellungen und Verhältnisse zueinander dargelegt und die Grundlagen für die entstehenden Konflikte und den weiteren Verlauf der Handlung geschaffen. Alle wichtigen Handlungsträger des Stücks werden im ersten Akt auf die Bühne geführt – mit Ausnahme der Lady Milford und ihrer Diener. Indirekt anwesend ist die Lady aber in Szene I, 5, wo es um die vom Präsidenten anvisierte Verbindung mit Ferdinand geht.

Der erste Akt stellt die beiden konfrontierten Lebensbereiche – Adel und Bürgertum – anhand exemplarischer Charaktere vor. Das Geschehen dieses Aktes kreist um die Liebe zwischen Ferdinand und Luise, die die beiden Gesellschaftsebenen innerhalb des Dramas verbindet, die aber auch mit den Problemen des Standesunterschiedes konfrontiert ist. Ein weiteres Verbindungsmedium zwischen den Ständen stellt der Sekretär Wurm dar. Dem Bürgertum entstammend, hat er sich in den Diensten des Präsidenten emporgearbeitet. Verletzter Stolz, Ehr- und Eifersucht führen dazu, dass der Sekretär zum Anstifter der Intrigen wird, die der Präsident gegen das standesübergreifende Liebespaar unternimmt.

Auch wenn die Verbindung Ferdinand–Luise bereits in der Vorgeschichte des Dramas bestand, führt sie erst in der Exposition zum **Konflikt**. Maßgebliche Vertreter beider Stände – Miller und der Präsident – beschließen nämlich offenbar, das Ärgernis zu beseitigen, das ihnen ihre Kinder bereitet haben. Dass die beiden Väter dafür unterschiedliche Gründe haben und sicherlich verschiedene Methoden anwenden werden, wird ebenfalls deutlich.

Akt 2

Im zweiten Akt nimmt die Handlung einen **steigenden Verlauf**. Die in der Exposition angelegten Entwicklungen werden weitergeführt. Ferdinand bringt den von seinem Vater initiierten Besuch bei Lady Milford hinter sich, liefert damit allerdings Luise einen Grund, die Beziehung nun ihrerseits anzuzweifeln. Lady Milford wird hier als eine kritische, eigenständig denkende Frau eingeführt – ihre Vorstellung wird damit gleichsam nachgereicht.

In einer dramatischen Szene tritt der Präsident im Hause der Millers auf und droht mit der Festnahme der Familie. Auch wenn Millers Versuch, sich auf eine moralische Überlegenheit zurückzuziehen und den Präsidenten aus dem Haus zu werfen, in den Beleidigungen seines Widersachers untergeht, kommt es in dieser Szene zu einem lauten Aufeinanderprallen der beiden Stände. Durch Ferdinands Eingreifen bleibt der Kampf zunächst unentschieden. Der Versuch des Präsidenten, die Liebenden allein durch seine Befehlsgewalt auseinander zu bringen, scheitert. Dennoch ist sein Zorn geweckt, seine Handlungsbereitschaft gesteigert – am Ende von Akt 2 findet sich das sog. **erregende Moment**.

Akt 3

Der dritte Akt setzt das schon Begonnene fort und führt es dem **Höhepunkt** des Stücks entgegen. Maßgeblich unterstützt durch Wurms teuflischen Ideenreichtum, wird im Hause von Walters eine Intrige gesponnen, die letztlich zur Trennung von Luise und Ferdinand führen wird. Der Plan ist derart durchdacht, dass die Weichen für den weiteren Dramenverlauf hier bereits eindeutig gestellt werden – die Katastrophe ist unausweichlich. Vor allem die Bedeutung der Szene III,6 wird schicksalhaft: Mit dem Brief und der geschworenen Freiwilligkeit seiner Abfassung hat Luise diejenigen Automatismen in Gang gebracht, die zu ihrem Tod führen werden. Wenn auch kaum wahrnehmbar, erfährt die Handlungsentwicklung hier den entscheidenden Umschlag zu Ungunsten des Liebespaares – es findet eine sog. **Peripetie** statt. Dass Ferdinand sich bereits in Szene III,4 misstrauisch hinsichtlich Luises Treue äußert, wird die Entwicklung noch beschleunigen, da allein sein potenzielles Vertrauen in die Geliebte die gesponnene Intrige als eine solche entlarven könnte.

Akt 4

Der vierte Akt zeigt bereits die ersten Auswirkungen der Intrige. Ferdinand fällt ohne jegliche Ahnung auf Wurms Falle herein und stellt sich getroffen auf die Seite seines Vaters – freilich ohne zu wissen, dass er durch etwas weniger Aufregung schon hier aus dem Munde des Hofmarschalls alles über den Plan hätte erfahren können. Luises Besuch bei der Lady verdeutlicht noch einmal die moralische Überlegenheit des Bürgertums. Außerdem wird hierdurch eine konsequente Weiterführung der Milford-Handlung initiiert: Die Lady, die sich bereits in Szene II, 1 gegen die menschenverachtenden Praktiken des Herzogs ausgesprochen hat, sagt sich endgültig von dessen Hof und Lebensart los. Obwohl Luise mit Selbstmord gedroht hat, scheint ihre Verbindung mit Ferdinand nach dem Verzicht der Lady nun noch einmal etwas wahrscheinlicher. Die **fallende Handlung** wird verzögert, die Abreise der Lady fungiert als sog. **retardierendes Moment**.

Akt 5

Der fünfte Akt führt nun alle Entwicklungen, Missverständnisse und Konsequenzen der Intrigen zusammen, die Handlung endet in der **Katastrophe** – der Vergiftung Ferdinands und Luises. Tragisch ist diese Katastrophe vor allem wegen ihrer potenziellen Vermeidbarkeit. Hätte Ferdinand etwas mehr Vertrauen in Luise gehabt oder hätte Luise früher den Eid gebrochen und vom tatsächlichen Zustandekommen des Liebesbriefs berichtet, hätten beide den Kampf für ihr Zusammenkommen über alle Standesgrenzen hinweg weiterführen können. Das Drama lässt ihnen nunmehr allein die Hoffnung auf eine Vereinigung im Jenseits.

Vor der endgültigen Katastrophe sorgen weitere retardierende Momente für die Spannungssteigerung. So lässt Luise in Szene V, 1 auf Drängen ihres Vaters zunächst von ihren Selbstmordplänen ab, außerdem bekommt Ferdinand angesichts der Liebe Millers zu seiner Tochter (Szene V, 4) Skrupel, Luise zu töten.

Der Aufbau des Stücks im Überblick

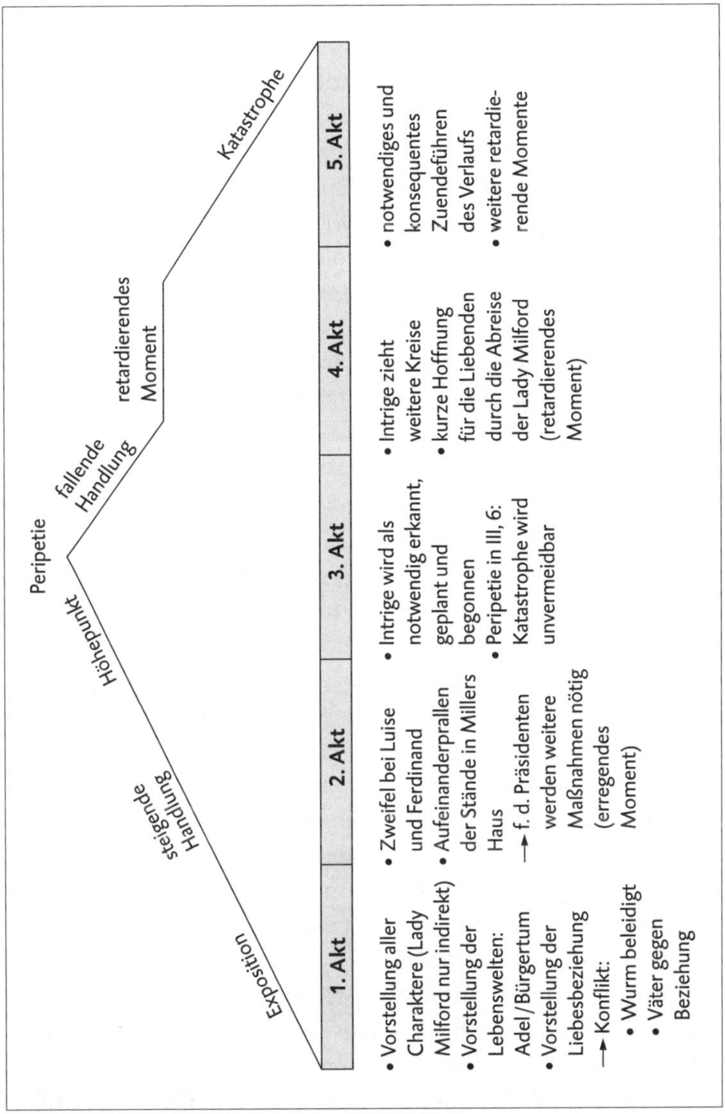

2 Die Sprache

Die Sprache des Stücks klingt für heutige Ohren an mancher Stelle befremdlich und unverständlich, stellenweise auch übertrieben und „künstlich“. Eine Ursache für diesen Eindruck ist – neben der zeitlichen Distanz – Schillers Versuch, die einzelnen Rollen durch eine differenzierte Sprachgestaltung zu unterstützen und das Gesagte möglichst wirkungsvoll auszudrücken. Es geht ihm dabei weniger um psychologische Feinfühligkeit als um eine anschauliche und plausible Kennzeichnung der Charaktere. Metaphern, Allegorien, Ironie und weitere rhetorische Stilmittel sollen die Handlungen der Figuren untermalen und ihnen ein hohes Maß an Ausdruckskraft verleihen.

Namentlich der Redestil **Ferdinands** wirkt durch pathetische Ausführungen und Übertreibungen auffällig und wurde bereits früh zum Gegenstand der Kritik. Eine genauere Untersuchung zeigt die Intention einer solchen Sprachverwendung.

Wie Schiller die Ironie im Munde Ferdinands einsetzt, um sein Innenleben wirkungsvoll zum Ausdruck zu bringen, verdeutlicht etwa seine Rede in der Szene V, 7: Ferdinand und Luise befinden sich alleine im Hause der Millers. Ferdinand weiß, dass er seine Geliebte kurze Zeit später vergiften wird. Luise ahnt nichts von Ferdinands Vorhaben, sie empfindet das Alleinsein mit dem ehemaligen Geliebten als unangenehm, versucht einer generellen Aussprache aber aus dem Weg zu gehen. Zunächst kommentiert Ferdinand trocken und scheinbar verbittert Luises Bemerkungen über ihren Gemütszustand (S. 112):

LUISE. *O ich bin sehr elend!*

FERDINAND (in der bisherigen Stellung). *Das könnte wahr sein.*

Ferdinands Enttäuschung über Luises Untreue – oder besser: Unzuverlässigkeit – ist einer Verbitterung gewichen, die sich nun auch gegen die Geliebte selbst richtet. Beachtet man die Mehrdeutigkeit des Kommentars, so wird deutlich, dass der Major hier auch eine gewisse Überlegenheit gegenüber der naiv wirkenden Musikertochter auszudrücken versucht. Zunächst kann man seine Äußerung als einen Hinweis auf die Banalität und Selbstverständlichkeit des Bekenntnisses Luises deuten. Es ist schließlich nicht schwer nachvollziehbar, dass es ihr nach all dem Erlebten nicht sonderlich gut geht. Weiterhin bezieht sich der ironische Kommentar wohl auch auf seinen Sprecher selbst. In der pointierten Akzeptanz des vermeintlichen Elendes der Geliebten schwingt der Vorwurf eines egoistischen Ignorierens seiner eigenen Gefühle mit. Auch Ferdinand hat ja allen Grund, sich „elend" zu fühlen, aus seiner eigenen Sicht noch mehr als Luise. Dass er auf deren Klagen also bitter reagiert, muss ihm zugestanden werden. Drittens deutet Ferdinands Ironie auch auf den Ausgang dieses Treffens hin. Obwohl die vergiftete Limonade erst kurze Zeit später von Luise getrunken wird, weiß Ferdinand an dieser Stelle bereits, dass Luise sterben wird. Spricht sie nun davon, dass sie sich elend fühlt, kann Ferdinand dies – aus seinem überlegenen Wissen heraus – nur verständnisvoll bejahen.

Im weiteren Gesprächsverlauf wird Ferdinands Enttäuschung immer deutlicher. Aus den versteckten ironischen Anspielungen werden bittere, sarkastische Anklagen. Ferdinand drängt es nach einer Aussprache mit Luise, nach einer Klärung der Situation, doch die Musikertochter scheint dies zu ignorieren. Ihr völlig unpassender Vorschlag, Verwandte einzuladen, um der peinlichen Situation der Konfrontation mit Ferdinand zu entkommen, macht den Major fassungslos. Aufs Äußerste erbost, wird er zynisch. Aus Luises Worten glaubt er zu erkennen, dass die Trennung ihr unproblematisch erscheint. Verbittert kommentiert er:

Nein! in Wahrheit, Luise. Dein Beispiel bekehrt mich – Du sollst meine Lehrerin sein. Toren sind's, die von ewiger Liebe schwatzen, ewiges Einerlei widersteht, Veränderung ist nur das Salz des Vergnügens – Topp, Luise! Ich bin dabei – Wir hüpfen von

Roman zu Romane, wälzen uns von Schlamme zu Schlamm – du dahin – ich dorthin – Vielleicht, dass meine verlorene Ruhe sich in einem Bordell wiederfinden lässt – Vielleicht, dass wir dann nach dem lustigen Wettlauf, zwei modernde Gerippe, mit der angenehmsten Überraschung von der Welt zum zweiten Mal aufeinander stoßen ... (S. 113)

Hält man sich vor Augen, was Ferdinand alles für die Liebe zu der Bürgerstochter geopfert hätte und bereits geopfert hat, wird das Maß seiner Enttäuschung nachvollziehbar. Er kann nicht fassen, dass seine Pläne nun tatsächlich nicht aufgehen. Spätestens als er die ehemalige Geliebte als „Schlange" (S. 113) oder gar als „Metze" (S. 114) bezeichnet, wird deutlich, welcher Hass in seiner Rede zu Luise inzwischen mitschwingt.

Lassen sich Pathos, Metaphorik, Eifer und ein gewisser überlegener Befehlston als Charakteristika der Ferdinand'schen Sprache während der gesamten Handlung belegen, fällt es demgegenüber schwer, für **Luise** einheitliche Sprachmerkmale zu bestimmen.

Allenfalls der regelmäßige Rekurs auf religiös-jenseitige Idealvorstellungen sowie die damit verbundene auffällig häufige Verwendung des Wortes „Vater" in den verschiedensten Bedeutungen mögen als gemeinsamer Nenner ihrer Sprache angesehen werden. Selbst die von der Literaturwissenschaft immer wieder angesprochene „Sprache des Herzens", mit der die Liebenden – im Gegensatz zur intriganten und falschen Rede der Höflinge sowie den pragmatisch-stolzen Reden der Millers – schwärmerisch eine idealisierte und ehrliche Welt errichten, lässt sich nicht wirklich in allen Gesprächssituationen belegen.

Luises eigene Worte (S. 15, Z. 23 ff.) scheinen anzudeuten, dass metaphorische Ausschmückungen und exaltierte Worttiraden, wie sie der höfisch-aristokratisch geprägte Ferdinand verwendet, ihrer Sprache fremd sind. Dennoch finden sich auch in ihren Äußerungen immer wieder Bilder und Metaphern, die der Poesie Ferdinands in nichts nachstehen (z. B. S. 16, Z. 5 ff. oder S. 17, Z. 13 ff.). Allein in einer Sache scheint ihr die bildhafte Ausschmückung unmöglich, obwohl sich hierin die scheinbar einzige Lösung ihrer Probleme andeutet:

> LUISE. *Ich weiß soeben kein liebliches Wort dafür – Er muss nicht erschrecken, Vater, wenn ich Ihm ein hässliches nenne. Dieser Ort – O warum hat die Liebe nicht Namen erfunden! Den schönsten hätte sie diesem gegeben. Der dritte Ort, guter Vater – aber Er muss mich ausreden lassen – Der dritte Ort ist das Grab.* (S. 97)

Luises Sprache ist tendenziell uneinheitlich und passt sich der jeweiligen Situation an. Wirkt sie – angesichts bestimmter Anspielungen auf ihre potenzielle Funktionalisierung als mätressenhaftes Lustobjekt – naiv und unwissend (z. B. S. 48, Z. 12 oder S. 70, Z. 23 ff.), so verwendet sie in vielen Situationen – etwa gegenüber der Lady – eine deutlich überlegene Sprache. Ironie und sprachliches Reaktionsvermögen beweist sie in Szene IV, 7 und selbst in III, 6 gewinnt Wurm zwar in der Praxis, begegnet aber keinesfalls als der eindeutig sprachlich Überlegene.

Bei allen auftretenden Figuren dient die Sprache zur Unterstützung ihres Gesamtcharakters. Der **Musiker Miller** begegnet oft gereizt, drastisch und ruppig. Der Umgang mit seiner Frau in den ersten drei Szenen macht dies deutlich, mehrfach fordert er sie während seines Gesprächs mit dem Sekretär Wurm auf, das „Maul zu halten“ (S. 9 f.). **Frau Millers** Intelligenz scheint knapp bemessen, was wiederum durch ihre Sprache gezeigt wird. Der falsche Fremdwortgebrauch (z. B. „Herr Sekertare“, S. 9), die Verwendung umgangssprachlicher Formulierungen (z. B. „barrdu“, S. 9) und der falsche Satzbau (z. B. „Sie werden mich je doch wohl merken, Herr Sekertare?“, S. 9) können hierfür als Beispiele angeführt werden. Trotz ihrer sprachlichen Unzulänglichkeit versucht Luises Mutter allerdings, in der Konfrontation mit dem

Sekretär eine gebildete Sprache zu verwenden. Sie spricht von dem „Bläsier“ der Besuche des Majors (S. 8), der „gnädigen Madam“ (S. 9) und dem „Konsens“, den sie einer Verbindung ihrer Tochter mit Wurm nicht geben will (S. 10).

Insgesamt scheinen die Millers ihre Sprache ohne Verschleierungen und Bösartigkeiten zu gebrauchen, sie sagen, was sie denken, und sprechen ehrlich-direkt – selbst wenn es ihnen gefährlich werden könnte. So ist es zum Beispiel die Ehrlichkeit der Mutter, die den Sekretär in Szene I, 2 das Verhältnis zwischen Luise und dem Major entdecken lässt. Einen weiteren Beweis der Miller'schen Ehrlichkeit und Offenheit liefert Vater Miller, als er den Präsidenten aus seinem Haus zu werfen versucht, nachdem dieser Luise beleidigt hat (Szene II, 7).

Anders verhält sich demgegenüber das **Personal des höfischen Bereiches**. Neben Ferdinands Neigung zur Ironie und Mehrdeutigkeit finden sich entsprechende Tendenzen auch in der Rede der anderen Figuren aus dem „Lebensbereich Hof“.

Vor allem **Wurm** redet falsch und hinterlistig, je nach Situation passt er seine manipulativ-berechnende Sprache an und stellt sie in den Dienst seiner Absichten: Höflich-galant begegnet er Luises Mutter im ersten Akt, hier noch darauf hoffend, mithilfe der Eltern die Tochter zur Ehefrau gewinnen zu können. Dem Präsidenten gegenüber gibt er sich ganz als der eloquente Politiker und Höfling. Mit ausschweifenden Formulierungen und Phrasen tritt er seinem Herrn gegenüber (z. B. Szene I, 5) und akzeptiert damit scheinbar das Hierarchiegefälle zwischen Herr und Diener. Der Präsident ahnt nicht, dass Wurm die Hierarchie umkehren wird. Zwar erkennt er später die Überlegenheit seines Sekretärs (Szene III, 1):

> PRÄSIDENT (lacht unter Kopfschütteln). *Ja! ich gebe mich dir überwunden, Schurke. Das Geweb ist satanisch fein. Der Schüler übertrifft seinen Meister.* […] (S. 57)

Dass sich die freie Hand, die er Wurm gewährt (S. 55), auch gegen den Herrn selbst richten kann, ahnt er allerdings noch nicht. Geschickt setzt Wurm auch seine Sprache ein, als es darum geht, Luise den falschen Liebesbrief abzunötigen (Szene III, 6). Er spricht knapp und treffend, wohl wissend, was seine kurzen Bemerkungen bei Luise jeweils bewirken.

Falsch und unehrlich ist auch die Sprache des **Präsidenten**. Er tritt Ferdinand zunächst in der Rolle des fürsorgenden Vaters entgegen (S. 23) und beteuert, alles Unrecht nur um der Karriere seines Sohnes willen begangen zu haben, womit er ihn auf die beschlossene Verbindung mit der Lady Milford vorbereiten will. Dass es auch hier in erster Linie um die Stärkung seiner eigenen Machtposition geht, weiß der Zuschauer bereits aus der Szene I, 5. Auch den Hofmarschall zwingt der Präsident durch seine falschen Reden, in die geplante Intrige einzusteigen (Szene III, 2). Schritt für Schritt packt er den Hofmarschall bei seinen Eitelkeiten und gewinnt ihn erpresserisch für die Kabale.

Das Sprechen des **Hofmarschalls** wirkt insgesamt gekünstelt und unecht, womit sein karikaturhafter Charakter untermalt wird. Höflichkeitsfloskeln, französische Begriffe und leere Phrasen bestimmen die Rede und machen ihren Sprecher – unterstützt durch den oft sinnlosen Inhalt des Gesagten – zu einem lächerlichen Bild eines unreflektierten und einfältigen Höflings.

Hochmütig und herablassend redet die **Lady Milford** bei ihrer Begegnung mit Luise (Szene IV, 7). Erst allmählich wendet sie sich gegen die Falschheit des höfischen Lebens und der höfischen Sprache. „Umso weniger wird hier gelogen sein“ (S. 93), ruft sie aus, bevor sie sich mit einem Brief vom Herzog lossagt und ein neues, ehrlicheres Leben beginnen will.

An mehreren Stellen des Dramas finden sich Begriffe aus dem **Wortfeld „Schlange“**, die zur Bezeichnung von Personencharakteren herangezogen werden. Tiermetaphern sollen ein unaufgeklärtes, instinkthaftes Handeln des derart Bezeichneten andeuten. Darüber hinaus impliziert die Schlangen-Metapher einen deutlichen Hinweis auf die biblische Heilsgeschichte. Schon im Alten Testament wird die Schlange als Element der gottfernen Unterwelt angesehen, ihre zentrale Rolle in der „Sündenfallerzählung" im zweiten Kapitel des Buchs Genesis trägt dem Rechnung. Wenn also die verschiedensten Personen des Stücks als „Schlange" (z. B. S. 66), „Wurm" (z. B. S. 108) oder „Natter" (z. B. S. 107) bezeichnet werden, so liegt auch hierin ein Hinweis auf deren Anteil an der Zerstörung einer paradiesischen Naivität und Unschuld. Dass der Hauptintrigant und Drahtzieher der Kabale selbst den Namen „Wurm" trägt, kann natürlich entsprechend interpretiert werden, zumal er mehrfach ausdrücklich als „Satan" (z. B. S. 121) oder „Teufel" (z. B. S. 20) bezeichnet wird.

Schiller legt seinen Figuren häufig **Begriffe aus biblischen und religiösen Zusammenhängen** in den Mund. Unzählige Mal benutzt Luise die Anrufe „Gott" / „Vater", man redet vom „Beten" (S. 6), vom „Jüngsten Gericht" (S. 70), von „Sündern" (S. 97), von „Himmel" und „Hölle" (z. B. S. 79) wie auch vom „Schöpfer" (S. 122). Die religiösen Wortfelder untermalen die vielfach angedeutete Thematik von Schuld, Verantwortung, Rettung und Strafe. Gott ist für die Liebenden der utopisch-außerweltliche Fluchtpunkt einer gesellschaftsunabhängigen Liebe und der letzte objektive Richter aller Unsicherheiten und Ungerechtigkeiten.

Zur Unterstützung der sprachlichen Nuancen gibt Schiller in den **Bühnenanweisungen** detaillierte und präzise Hinweise auf die gestische und mimische Umsetzung seines Stücks. Schon in der Szene I, 2 macht Wurm zum Beispiel „falsche Augen", womit auch hier sein Gesamtcharakter verdeutlicht werden soll. Insgesamt tragen die Regieanweisungen zur Verdeutlichung der inneren Einstellungen der Protagonisten bei.

Weitere sprachliche Charakteristika der Figuren

Ferdinand	
Pathos	• … Ich gebe Ihnen mein Leben … Mein Leben hab ich von Ihnen, ich werde keinen Augenblick anstehen, es ganz Ihrer Größe zu opfern. … (S. 26) • … Da mein glücklicher Wahnsinn den ganzen Himmel in ihr zu umspannen wähnte? Meine wildesten Wünsche schwiegen? Vor meinem Gemüt stand kein Gedanke als die Ewigkeit und das Mädchen – Gott! … (S. 76)
(gemäßigter) Befehlston	• Rede mir Wahrheit. … (S. 15) • Was ist das? … Mädchen! Höre! Wie kommst du auf das? – Du bist meine Luise. Wer sagt dir, dass du noch etwas sein solltest? … (S. 15) • Was willst du, Graukopf? Mit dir hab ich nichts zu schaffen. Menge dich ja nicht in ein Spiel, das so offenbar verloren ist – … (S. 103)
Metaphorik	• … – einen Augenblick später, und du schleuderst die giftige Natter ihrer höllischen Heimat zu, verfluchst das Geschenk und den Geber, und fährst mit der Gotteslästerung in die Grube. … (S. 103) • …, o unbegreiflich seltsam spielt Gott mit uns. An dünnen unmerkbaren Seilen hängen oft fürchterliche Gewichte – Wüsste der Mensch, dass er an d i e s e m Apfel den Tod essen sollte – hum! – wüsste er das? (S. 106)
Zynismen	• Lustig! Lustig! Auch der Vater betrogen. Alles betrogen! … (S. 104)
Luise	
negative Übertreibungen / Visionen	• … Ferdinand! ein Dolch über dir und mir! – Man trennt uns! (S. 16) • Ich bin des Todes. (S. 43) • Mein Tod ist gewiss – … (S. 44)
Pathos	• Verlieren! – O ohne Grenzen entsetzlich ist der Gedanke – Grässlich genug, den unsterblichen Geist zu durchbohren, und die glühende Wange der Freude zu bleichen – Ferdinand! dich zu verlieren! – Doch! Man verliert ja nur, was man besessen hat, und dein Herz gehört deinem Stande – Mein Anspruch war Kirchenraub, und schaudernd geb ich ihn auf. (S. 65)
Zynismen	• Verzeihen Sie, gnädige Frau – Ich war soeben im Begriff, diesen prächtig blitzenden Rubin zu beweinen, der es nicht wissen muss, dass seine Besitzerin so scharf wider Eitelkeit eifert. (S. 86) • … Mein Elend ist so hoch gestiegen, dass selbst Aufrichtigkeit es nicht mehr vergrößern kann. … (S. 87)
Vater Miller	
Beleidigungen, Befehlston gegen seine Frau	• … Schier dich zum Satan, infame Kupplerin! – … (S. 7) • … Maul halten? Willst das Violoncello am Hirnkasten wissen? – … (S. 9) • … blaues Donnermaul … (S. 43)
ironisch-freche Verteidigung seines Standes	• … Ich heiße Miller, wenn Sie ein Adagio hören wollen – mit Buhlschaften dien ich nicht. Solang der Hof da noch Vorrat hat, kommt die Lieferung nicht an uns Bürgersleut. … (S. 49)
Metaphern	• … Nur der Gewissenswurm schwärmt mit der Eule. Sünden und böse Geister scheuen das Licht. (S. 95)

Mutter Miller	
falscher Fremdwortgebrauch	• Ah guten Morgen, Herr Sekertare. … (S. 8) • … weil eben halt der liebe Gott meine Tochter barrdu zur gnädigen Madam will haben – (S. 9)
ordinäre Ausdrucksweisen	• Der Hund! – Aber man wird dir's Maul sauber halten. (S. 12)
Unterwürfigkeit gegen Adlige	• *(wirft sich auf die Knie vor den Präsidenten)* (S. 50) • Erbarmung, Ihro Exzellenz! Erbarmung! Erbarmung! (S. 51)
Hysterie	• … Hilf, heiliger Herregott! Wohinaus nun? Wie werden wir Rat schaffen? Was nun anfangen? Vater Miller, so rede doch! (S. 44)
Wurm	
angepasste Höflichkeit	• Das freut mich, freut mich. Ich werd einmal eine fromme christliche Frau an ihr haben. (S. 8)
hinterlistige, niederträchtige Anspielungen	• … Und wie befindet sich denn meine Zukünftige – oder Gewesene? (S. 8) • Gehen Sie, o gehen Sie ja. Sie können wahrlich nichts Klügeres tun. Ich rate es Ihnen, gehen Sie, und ich gebe Ihnen mein Wort, dass der Herzog willfahren wird. (S. 70)
Überlegenheit gegen den Präsidenten	• Ihro Exzellenz haben die Gnade, mir den Beweis zu befehlen. (S. 17) • Jetzt haben Sie die Gnade und hören. – … (S. 55) • … Ich will Geheimnisse aufdecken, dass denen, die sie hören, die Haut schauern soll. (S. 121)
Demonstration seiner Macht	• … Ich habe herzliches Mitleid mit Ihnen. … – Ich könnte mich wohl über gewisse Dinge hinwegsetzen – … (S. 73)
Präsident	
Überheblichkeit	• Wo in aller Welt bringst du das Maul her, Junge? (S. 26)
Drohungen, Befehlston	• … du bist bei der Lady gemeldet. Der Fürst hat mein Wort. Stadt und Hof wissen es richtig. – Wenn du mich zum Lügner machst, … – Höre, Junge – oder wenn ich hinter gewisse Historien komme! … (S. 27) • Legt Hand an im Namen des Herzogs – Weg von der Metze, Junge – Ohnmächtig oder nicht! – … (S. 50)
Metaphorik	• … was verschlägt es denn Ihm, ob Er die Karolin frisch aus der Münze, oder vom Bankier bekommt. … (S. 18 f.)
Fremdwortgebrauch	• Ein herrliches Impromptu des menschlichen Witzes – … (S. 21) • … Sie kommen erwünscht, … , mir in einer Sache zu raten, …, die uns beide poussiert oder völlig zugrund richtet. … (S. 58)
Hofmarschall	
Fremdwortgebrauch	• Nur en passant, mein Bester – … (S. 58) • Aber mon Dieu! … (S. 59)
Wichtigtuerei	• … – dringende Geschäfte – der Küchenzettel – Visitenbillets – … (S. 21)

3 Charakteristik der Hauptpersonen

Luise Miller

Mit Recht wollte Schiller die Musikertochter Luise Miller ursprünglich zur Titelfigur seines Dramas machen (vgl. *Interpretationshilfe,* S. 7), bildet sie doch den Knotenpunkt aller Aktionen des Stücks: Sie ist die einzige Person, die mit jedem Einzelnen der anderen Akteure irgendwie in Beziehung steht und unmittelbar in Kontakt tritt.

Rolle und Charakter Luises können unterschiedlich gedeutet und bewertet werden, wobei es im Wesentlichen drei Momente sind, die ihr Handeln offensichtlich während des gesamten Stückes bestimmen und letztlich auch ihren Tod bedingen:

- die Einbindung in ihre Familie,
- das Bewusstsein über ihre gesellschaftliche Stellung und
- eine spezifische Art der Religiosität und Moral.

Bereits die ersten Szenen machen deutlich, welche Position Luise innerhalb ihrer **Familie** einnimmt, wobei es vor allem ihr Vater ist, der bestimmt, was die Familie denkt, mit wem sie verkehrt und wie sie handelt. Er meint es gut mit seiner Tochter, wenngleich er Luise von Anfang an extrem bevormundet. Die Bestimmung Luises durch die Vaterautorität zieht sich durch das gesamte Stück, an entscheidenden Stellen lenkt sie das Geschehen in bestimmte Richtungen. Luise wird sich drei Mal um ihres Vaters willen von ihren eigenen Plänen und Zielen verabschieden müssen. So lehnt sie Ferdinands Fluchtvorschläge ab, auch weil sie befürchtet, ihr Vater könnte zum Opfer der Rache des Präsidenten werden (S. 64). Später lässt sie sich von Wurm dazu erpressen, den falschen Brief zu schreiben, und wieder ist das Geschehen – wenn auch indirekt – von Vater Miller motiviert, der mithilfe des fingierten Briefes aus den Fängen des Präsidenten befreit werden soll (S. 67 ff.). Im letzten Akt lässt sie schließlich aufgrund der Bitten des Vaters von ihren Selbstmordplänen ab, die ihr die Aufrechterhaltung der alten Ordnung und die Vereinigung mit Ferdinand im Jenseits ermöglicht hätten (S. 100).

Ihrer **ständischen Eingebundenheit**, der Schranken ihrer kleinbürgerlichen Herkunft ist sich Luise von Beginn an bewusst. Längst hat sie sich mit dem Standesunterschied zwischen ihr, der Musikertochter, und dem adligen Major und Präsidentensohn Ferdinand von Walter auseinander gesetzt, sodass sie dem mahnenden Vater schnell eine Lösungsmöglichkeit präsentieren kann: Sie verzichtet in diesem Leben auf Ferdinand und wartet auf eine Zeit, in der „die Schranken des Unterschieds einstürzen" (S. 14). Dass Luise die Standesunterschiede nicht bloß kennt, sondern ihnen den Eigenwert zugesteht, die richtige Ordnung der Welt zu garantieren, wird deutlich, wenn sie davon spricht, dass ihr Anspruch auf Ferdinands Herz „Kirchenraub" sei und dass ihre Liebe „die Fugen der Bürgerwelt auseinander treiben, und die allgemeine ewige Ordnung zugrund stürzen werde" (S. 65). Deutlich steht ihre Akzeptanz der Standesobligationen über ihrer Empfindung für Ferdinand – mit ihm zu fliehen, scheint ihr daher unmöglich, die Trennung sieht sie als gerechte Strafe für ihre Vermessenheit, die Standesgrenzen zu ignorieren.

Mehrfach geben Luises Äußerungen auch Hinweise auf ihre persönliche **Religiosität** und schwärmerische Frömmigkeit. Von ihren Eltern christlich erzogen und regelmäßig den Gottesdienst besuchend, funktionalisiert Luise Gott und die Religion angesichts ihrer spezifischen Lebenssituation. Sie gesteht, dass ihre Gedanken während des Gottesdienstes nicht bei Gott, sondern bei Ferdinand waren. „Der Himmel und Ferdinand reißen an [ihrer] blutenden Seele", und Luise bezeichnet sich selbst als „schwere Sünderin" (S. 12 f.). Bereits wenige Sätze später gelingt es ihr allerdings, die Ambivalenz geschickt zu durchbrechen und ihre vermeintliche Sünde ins Positive zu kehren. Sie redet sich damit heraus, im Geschöpf (Ferdinand) auch den Schöpfer (Gott) zu loben (S. 13). Weiterhin ist Luises Religion von dem Gedanken dominiert, dass sie einen Ausweg für die unüberwindbaren Standesunterschiede bietet: Mehrfach spielt sie darauf an, dass im Jenseits die endgültige Vereinigung mit Ferdinand möglich sei und dass sie auf diesen Zeitpunkt warten wolle. Luise beteuert: „Ich entsag ihm für dieses Leben." (S. 14)

Eng verbunden mit der Akzeptanz der Standesschranken und ihrer Religiosität ist auch Luises **Moralvorstellung**. Ehrlichkeit und Eidtreue scheinen ihr derart wichtig, dass sie erst in der unmittelbaren Konfrontation mit dem Tod preisgibt, dass der Liebesbrief an den Hofmarschall von Kalb – also der Kern aller Missverständnisse – auf einer Erpressung beruht. Wurm erpresst Luise nicht nur dazu, den Brief zu verfassen, sondern verlangt von ihr außerdem, bei Gott und den Sakramenten zu beeiden, dass sie die Zeilen freiwillig verfasst habe (S. 74). Erst im vorletzten Akt (S. 118) – sie liegt bereits im Sterben – deckt sie gegenüber Ferdinand die Intrige auf.

Aus der Verbindung all dieser Charaktereigenschaften ergibt sich das tragische Ende der Musikertochter. Hätte sie nicht immer auf ihren Vater gehört, hätte sie – wie Ferdinand – an die Überwindbarkeit der Standesgrenzen geglaubt und hätte sie ihr Gewissen ignoriert und die Hintergründe des Briefes aufgedeckt, wäre ihr Tod vermeidbar gewesen. Vielleicht hätte sie sogar eine Chance auf ein Leben mit Ferdinand gehabt.

Inwieweit jeder einzelne Charakterzug und seine Intensität von Luise tatsächlich zu **verantworten** ist, kann unterschiedlich gewichtet werden. Man mag ihre Erziehung, ihre Erkenntnis einer gewissen Machtlosigkeit und Starrheit des Systems oder die Ausgeklügeltheit der Intrigen als Verteidigung Luises anführen, dass ihr Wesen und Verhalten – im Wesentlichen geprägt von dem oben Beschriebenen – ihren Tod mit bedingt haben, kann dabei allerdings nicht geleugnet werden.

Ferdinand von Walter

Auch Ferdinands Ende ist tragisch und in gewisser Weise unumgänglich. Nahezu perfekt sind die Intrigen auf den Charakter des Majors zugeschnitten, sodass sie – einmal in Gang gesetzt – kaum gestoppt werden können. Anders als seine Geliebte, die sich ihrer gesellschaftlichen Stellung ständig bewusst ist und sich dieser aus ihrer Sicht unumstößlichen Ordnung fügt, tritt Ferdinand aus den Standesschranken aber offensichtlich heraus.

Problemlos könnte er den bequemen Weg einer Hofkarriere einschlagen. Er besitzt einen – für sein Alter passablen – militärischen Rang, hat die Akademie (S. 53) besucht und könnte sich der Hilfe seines Vaters sicher sein. Sogar bei der Brautwahl will ihn dieser unterstützen und die Braut derart wählen, dass sie auch der Karriere dienlich sein könnte: „Damit nun der Fürst im Netz meiner Familie bleibe, soll mein Ferdinand die Milford heuraten …“ (S. 19). Trotz dieser – in den Augen des Vaters glänzenden – Zukunfsperspektiven entschließt sich Ferdinand, die Welt des Hofes zu verlassen. Augenscheinlichster Grund dieses **Ausbruchs** ist die Liebe zu Luise und die Problematik der standesübergreifenden Beziehung, darüber hinaus scheint der Major aber auch grundsätzlich vom Hofleben und dessen Machtmitteln, Betrügereien und Intrigen angewidert zu sein (S. 24).

Trotz seiner Ablehnung des höfischen Lebens kann der abtrünnige Adlige allerdings nicht ohne weiteres der bürgerlichen Welt zugerechnet werden. Seine Herkunft kann Ferdinand nicht leugnen und sicher auch nicht immer verbergen. In einigen Zügen seines Charakters spiegelt sich seine **adlige Prägung** durchaus wider. Mehrfach – auch gegenüber Luise – gibt er Befehle und erwartet nichts anderes, als dass diese ausgeführt werden. Widerspruch duldet er nicht, Einwände lässt er nicht zu, sondern interpretiert sie unreflektiert als Verrat. Als Luise seinem Vorschlag zur Flucht nicht zustimmt, unterstellt er ihr einen anderen Liebhaber, ohne ihre Argumentation ernst zu nehmen.

Ferdinand steht **zwischen den Ständen**, und wenn man es genau betrachtet, steht er dort alleine. Grundlagen seines Handelns sind **Utopien** von einer ständefreien Gesellschaft, von einer – praktisch kaum durchführbaren – Flucht mit Luise, von einem wie auch immer gearteten idyllischen Leben und einer auf Liebe und Zuneigung gebauten Zukunft (S. 64). Sein Lebensziel ist nicht die Eingliederung in vorgegebene Strukturen, sondern die Verwirklichung eigener Ideale und Ziele. Er ist bereit, dafür einen hohen Preis zu zahlen, sein gesamtes bisheriges Leben hinter sich zu lassen. Trotz aller Proklamationen von Menschlichkeit bleibt Ferdinand dabei doch **alleine**, er hat keine echten Verbündeten und wird gerade deshalb so anfällig für die Intrigen. Da, wo Ferdinands Individualismus sich zu **Egoismus** und **Egozentrik** steigert, wird ihm sein ansonsten tendenziell aufgeklärter Charakter zum Manko. Es hätte nur wenig Empathie bedurft, aus den Andeutungen des Hofmarschalls auf die Intrige zu schließen und ihr früh genug den Wind aus den Segeln zu nehmen.

Auch sein Umgang mit Luise ist keineswegs immer einwandfrei, wirkt er doch auch ihr gegenüber oft **dominant** und allein auf die Verwirklichung seiner Ziele bedacht. Wäre sein Vertrauen in die Geliebte auch nur ansatzweise so groß wie seine Liebe, hätte Wurms Plan sicherlich nicht so ohne weiteres funktioniert. Man hat den Eindruck, dass es Ferdinand nicht nur um die Beziehung zu Luise als konkrete Person geht, sondern dass ihm die Bürgerstochter darüber hinaus auch zur Möglichkeit wird, seine **Ideale** zu demonstrieren und zu leben. Wo die Geliebte ihre eigenen Wünsche gegen die Vorschläge Ferdinands setzt, reagiert er beleidigt und eifersüchtig. Auch Luises Meinung zur Aufrechterhaltung der ständischen Gesellschaftsordnung teilt Ferdinand keineswegs, fühlt er doch hierin seine ganzen bisherigen Bemühungen nivelliert. Für Ferdinand gehört die Verbindung mit Luise derart zu seinem Leben zwischen den Ständen, dass ihm eine Trennung und jeglicher Kompromiss unmöglich werden.

Aus der Verbindung all dieser Charakterzüge des Präsidentensohnes, die mit einer gefährlichen Neigung zu Überstürzung und Verbohrtheit einhergehen, ergibt sich schließlich die Katastrophe.

Miller

Entscheidende Impulse erhält der Handlungsverlauf auch durch den Musikus Miller, der den **bürgerlichen Familienvater** repräsentiert. Er lebt mit passablen finanziellen Mitteln und einigermaßen Ansehen als Musiker, der auch Unterricht erteilt. Immerhin ist sein Ruf so groß, dass der Sohn des Präsidenten bei ihm Stunden nimmt. Der selbstbewusste Miller hat seine Familie scheinbar im Griff. Ähnlich dem Regiment des Präsidenten oder des Herzogs bei Hofe **führt** er das **Kommando** innerhalb seines bürgerlichen Haushaltes. Vor allem im Umgang mit seiner Frau wird deutlich, wie einfühlslos und teilweise unverschämt dieses Regiment geführt wird. Miller akzeptiert seine Frau nicht als gleichwertigen Gesprächspartner, mehrfach beschimpft er sie und wirft ihr fehlerhaftes Verhalten vor – schon die erste Szene des ersten Aktes liefert ein anschauliches Beispiel davon.

Seine **Liebe zu Luise** ist echt. Intensiv sorgt er sich um ihre Zukunft – wer ihr Herz erobern will, kommt am Vater nicht vorbei. Miller entscheidet, wen er in der Werbung um die Tochter unterstützt (vgl. Szene I, 2). Obwohl er die Liebe zu Luise mehrfach beteuert – und Luise diese Empfindung sicherlich teilt –, bedeutet dies keineswegs, dass er seiner Tochter mehr Freiräume zugesteht als für seine eigenen Pläne nötig sind. An mehreren entscheidenden Stellen des Stücks bittet (nötigt?) Miller seine Tochter, das zu tun, was *er* gerade für richtig hält. Seine Liebe ist zwar intensiv und ehrlich, sie ist aber ebenso besitzergreifend und egoistisch. Luises eigene Anliegen, die jeweils auf langer Überlegung beruhen, werden nicht akzeptiert und müssen zugunsten der väterlichen Pläne verworfen werden. Miller blockiert die Aufgeklärtheit und Selbstverwirklichung seiner Tochter und kann ihr daher nur für eine kurze Zeit das Leben retten. Langfristiges Glück hätte eines größeren Einfühlungsvermögens bedurft.

Den letzten und entscheidenden **Fehler** macht Miller, als er Ferdinand und Luise allein lässt (Szene V,6). Obwohl Luise ihren Selbstmord angedeutet hat und die beachtliche Geldsumme, die Ferdinand dem Musiker als angeblichen Arbeitslohn für die Musikstunden gibt, sehr deutlich auf das Bevorstehende hinweist, geht Miller zum Präsidenten und bereitet damit indirekt den Tod des Paares vor. Das Geld scheint ihn hier derart zu verblenden, dass er den Blick für die Realität verliert. Nicht zuletzt daran erkennt man, dass es Miller auch auf den **Schein** ankommt, den er nach außen hin vermittelt. In dieser Szene ist es der finanzielle Reichtum, der ihm eine gute Zukunft zu versprechen scheint, etwas sublimer finden sich aber schon in vorausgehenden Szenen derartige Tendenzen angedeutet, wenn er etwa vor einem schlechten Ruf Angst hat, der ihm aus der Beziehung zwischen seiner Tochter und Ferdinand entstehen könnte.

Präsident

Charakter und dramatische Funktion des Präsidenten können von verschiedenen Seiten her bestimmt werden. Zuerst ist er der **verlängerte Arm des despotischen Herzogs**, der zwar selbst nicht auftritt, aber an verschiedenen Stellen äußerst gegenwärtig ist (z. B. II,2). Der Präsident ist ein Glied in der Herrschaftskette des moralisch verrotteten herzoglichen Hofes. Nächsthöheres Glied dieser Kette ist der Herzog, unter dem Präsidenten folgt Wurm, der sich ebenso eifrig wie eigennützig um die Gunst des Präsidenten bemüht wie dieser es im Hinblick auf den Herzog tut.

Es geht dem Präsidenten in seinem Amt weniger um Ehre oder Verantwortung für seine Untergebenen als um persönlichen **Einfluss** und **Macht**. Grundlage seines Aufstiegs sind dementsprechend illegitime Mittel und Korruption, die immerhin von solchem Ausmaß sein müssen, dass sie von Ferdinand als wirksames Erpressungsmittel eingesetzt werden können (S. 52). Das gesamte Denken und Handeln des Präsidenten ist auf Erhalt oder Vermehrung seiner Stellung, seiner Macht ausgerichtet. Seine Zeitgenossen benutzt er dabei als Mittel, diesen Zweck zu erreichen, was sich vor allem in dem manipulativen Umgang mit dem Hofmarschall von Kalb erkennen lässt. Auch Wurms Energien weiß er zunächst in seine Handlungsabsichten zu integrieren.

Zu ehrlichen menschlichen Beziehungen scheint der machtgierige und skrupellose Präsident nicht fähig zu sein. Die Verbindung zwischen Mann und Frau hat für ihn allein den Zweck sinnlicher Lustbefriedigung (z. B. S. 18) oder sie wird – wie die geplante Vermählung seines Sohnes mit der Lady Milford zeigt – zu einem Instrument machtpolitischer Abwägungen.

Darüber hinaus begegnet der Präsident auch als **Vater** und damit als **Pendant zu Vater Miller**. Beide Charaktere erhellen sich in gegenseitiger Kontrastierung. Wie Miller für Luise will auch Ferdinands Vater für seinen Sohn eigentlich nur das Beste. Auch der Präsident verkennt aber, dass seine Definition des Besten nicht allgemein gültig ist und dass sie ganz und gar nicht mit derjenigen seines Sohnes übereinstimmt. Beide Väter schließen sich in festen Denkparadigmen ein und messen das Glück ihrer Kinder an ihren eigenen Wertvorstellungen.

Eindeutiges und erklärtes Ziel des Präsidenten ist es, dass Ferdinand sein Nachfolger wird bzw. am Hof Karriere macht. Er hat ihm dazu eine vorbildliche Ausbildung ermöglicht und will ihm durch die Vermählung mit der Lady Milford die Türen zum Herzog öffnen und einen langfristigen Machterhalt sichern. Auch wenn dem Präsidenten hier zugestanden werden darf, dass es ihm tatsächlich um Ferdinands Zukunft – also nicht nur um sein eigenes Prestige – geht, kann er kaum als liebevoller Vater bezeichnet werden. Da, wo nämlich Ferdinand die Pläne des Vaters nicht billigt, wird er hinterlistig auf die Probe gestellt und in die

Falle gelockt. Um die Angelegenheiten in seinem eigenen Sinne zu lenken, betrügt der Präsident sogar seinen Sohn (Szene IV, 5).

Bei aller Impulsivität und scheinbaren Selbstherrlichkeit weiß er allerdings auch, wann es ratsam ist, im Hintergrund zu bleiben. Ferdinands Drohung, die Betrügereien auf dem Weg zur Macht zu verraten (S. 52), nimmt er ernst, und noch am Schluss versucht er, Wurm die ganze Schuld für die Tragödie zu geben. Erst hier unterliegt er aber der Cleverness seines Gehilfen, erst hier kehren sich die Machtverhältnisse scheinbar um: Nun lenkt Wurm ausdrücklich das Geschehen.

Erst nach dem Tod seines Sohnes Ferdinand zeigt sich bei dem Präsidenten **Reue**. Er begibt sich in die Hand der Gerichtsdiener und scheint – wenn auch etwas überraschend – anzuerkennen, dass sein allein auf Machtgewinn und Nutzenorientierung ausgerichtetes und eigentlich gefühlloses Leben falsch war. Im Gegensatz zur Lady Milford, die den Hof verlässt, um dem Leben einen eigenen Wert fernab der Intrigen und Betrügereien auf der Basis von Vernunft und Moral zu geben, bleibt dem Präsidenten am Schluss nichts übrig. Posten und Einfluss wird er verlieren, ebenso den guten Ruf, und – was wohl am schlimmsten ist – mit Ferdinands Tod hat er auch seine Zukunft verloren.

Wurm

Die biblische Teufels-Metapher als Namen tragend (vgl. „falsche Augen“ S. 9, „brandrotes Haar“ S. 11), begegnet der Sekretär des Präsidenten als der **Intrigant** und **Fallensteller** schlechthin. Er ist derjenige, der die maßgebliche Kabale des Stücks initiiert und durch den die Handlung des Trauerspiels in Gang kommt.

Schon die Exposition zeigt Wurm als einen Mann, der sich stolz mit seiner Position am Hofe brüstet und der sich gern anderer zur Durchsetzung seiner eigenen Ziele bedient. Die Redlichkeit seiner Absichten bei der **Werbung um Luise** belegt er dem Vater durch einen Hinweis auf seinen Posten am Hof (S. 10), an

Liebe und Zuneigung scheint er nicht zu denken. Spätestens als er Miller darum bittet, seine Werbung zu unterstützen, wird dieser skeptisch und verwehrt ihm die Hilfe. Wurm ist enttäuscht und beleidigt. Eigene Versuche, Luise doch noch für sich zu gewinnen, scheinen für ihn nicht in Frage zu kommen, sodass mit dem Nachweis seiner gesicherten Position und der Bitte um Millers Unterstützung alle ehrlichen Mittel der Brautsuche aus seiner Sicht ausgeschöpft sind. Der Sekretär sieht sich gezwungen, das ‚Spiel' auf unfaire Weise weiterzuführen, er wird die maßgeblichen Impulse für die folgende Tragödie liefern.

Wenig erfährt man über die Vorgeschichte Wurms. Dem Bürgertum entstammend – er bezeichnet sich selbst als einen „Bürgersmann" (S. 19) –, hat er sich zu einem einigermaßen einflussreichen Posten am Hofe emporgearbeitet. Er ist der Sekretär des Präsidenten, führt damit dessen Büro und scheint auch ansonsten dessen Vertrauen zu genießen.

Eher oberflächlich und einseitig ist das psychologische Profil Wurms, begegnet er doch während des ganzen Stücks vor allem als die Personifikation von **Bosheit** und **Falschheit**. Er entdeckt dem Präsidenten in einem Gespräch seine Wertvorstellungen und bezeichnet die Ideen einer aufgeklärten Ethik als „phantastische Träumereien" (S. 53). Dass der **Emporkömmling** durch diese Übertreibung der höfischen Untugenden seine mangelhafte Abstammung zu kompensieren versucht, ist wohl anzunehmen.

Wie Marinelli in Lessings *Emilia Galotti* versteht es Wurm, die Figuren seines Umfeldes geschickt einzusetzen und wie Schachfiguren nach seinem Plan zu bewegen. Dabei erweist er sich als ein kluger und umsichtiger **Stratege** und **Taktiker**, der – trotz der eigenen psychologischen Eindimensionalität – das Verhalten seiner Mitmenschen nahezu rechnerisch-logisch vorherbestimmen kann, der sich also vorzüglich auf „den Barometer der Seele" (S. 55) versteht. Wurm schätzt den Präsidenten richtig ein, wenn er davon ausgeht, dass eine dauerhafte Beziehung zwischen Ferdinand und Luise für diesen niemals in Frage käme. Den Bedenken des Präsidenten hinsichtlich der Ernsthaftigkeit der Verbindung begegnet er mit dem Vorschlag eines Tests, dessen Ergebnis er freilich schon vorher kennt. Auch für Wurm ist dabei klar, dass Ferdinand die Lady Milford nicht allein wegen seiner Empfindungen für Luise ablehnen wird, sondern auch wegen ihres zwielichtigen Rufs. Dennoch gelingt es dem Intriganten, den Präsidenten vorher derart auf die Situation einzustimmen, dass er seine Entscheidungen im Sinne des Sekretärs trifft und Ferdinands Reaktion tatsächlich als Beweis seiner Liebe zu Luise ansieht.

Psychologisch geschickt plant Wurm auch die Hauptintrige, bei der er Luises enge Bindung an ihre Eltern ebenso in seine Rechnung einbezieht wie Ferdinands unreflektiert-feurige Empfindsamkeit, die ihn auf den fingierten Brief hereinfallen lässt. Allein die Rekrutierung des Hofmarschalls als Überbringer des Briefs geht auf den Präsidenten zurück. Wurms Zweifel an der Tauglichkeit des galanten Höflings scheinen angebracht, hätte dessen Angst vor Ferdinands Pistole doch beinahe zur verfrühten Aufdeckung des Plans geführt (Szene IV, 3).

Allerdings greift das Kalkül des Intrigengenies in einem verhängnisvollen Punkt zu kurz: Die Konsequenz, mit der Ferdinand schließlich vorgeht, um die Bindung mit Luise doch noch zu verewigen, wurde von Wurm unterschätzt. **Seine Rechnung**, dass Ferdinand sich nach der Entdeckung von Luises Untreue von dieser abwenden und der politisch vorteilhaften Entscheidung seines Vaters fügen würde, **geht nicht auf**. Zu sehr basiert der Plan Wurms auf höfisch-pragmatischen Grundsätzen, zu wenig berücksichtigt er die Kraft der – enttäuschten – Liebe. Dass der Sekretär dabei auch seinem persönlichen Ziel, einer Verbindung mit Luise Miller, nicht näher kommt, ergibt sich als weitere Konsequenz.

Am Schluss des Stücks beweist der Intrigant noch einmal seine **Skrupellosigkeit**, indem er die Verantwortung für alles Geschehene auf seinen Herrn und Vertrauten abzuwenden sucht. Man kann davon ausgehen, dass er dessen Verbrechen und Betrügereien wirklich aufdecken und seinen eigenen Hals zumindest aus der Schlinge der „diesseitigen" Gerichtsbarkeit ziehen wird.

Lady Milford

Schillers Lady Milford erscheint – sicherlich auch in Anlehnung an die Gräfin Orsina in Lessings *Emilia Galotti* – als personifiziertes **schlechtes Gewissen der höfischen Welt**. Im Unterschied zu Hofmarschall von Kalb ist ihr der Blick über den höfischen Tellerrand möglich, im Unterschied zum Präsidenten und Wurm sind nicht Skrupellosigkeit und Machtgier die Grundlagen ihrer Handlungen. Mehrfach wird sie zum Spiegel der Unmenschlichkeit von höfischer Politik und Lebensart und dient gleichzeitig als Projektionsfläche der gegenhöfischen, bürgerlichen Tugenden, wie sie ihr in Luises Vorwürfen (Szene IV,7) entgegentreten.

Schiller zeichnet die Milford **menschlich** und **aufrichtig**. Ihre mätressenhafte Verbindung mit dem Herzog gründet weder im unreflektiert Sinnlichen noch auf rein materiellen Interessen, sondern wird als das Ergebnis ihrer schwierigen, entbehrungsreichen Vergangenheit dargestellt, aus der sie der Herzog befreit hat (S. 37 f.). Schiller bemüht sich schon früh um den Beweis einer **moralischen Integrität** der Milford-Figur, um ihre spätere Entscheidung gegen Hof und Herzog vorzubereiten. Außerdem tragen ihre klischeehaft-rührige Biografie und ihre Aufrichtigkeit zu einem gewissen Identifikationspotenzial für das Publikum bei. Selbst die geplante Verbindung mit Ferdinand gründet in den Augen der Milford nicht auf unpersönlichem, taktischem Kalkül, sondern auf wirklicher Achtung und Liebe zu dem Präsidentensohn (Szene II,1; v. a. S. 31) – umso verletzender sind dann natürlich die Unterstellungen Ferdinands (Szene II,3).

Obwohl die Lady schon früh ihre **kritische Aufgeklärtheit** unter Beweis stellt, wenn sie etwa in der „Kammerdienerszene"

(Szene II,2; S. 31 ff.) ausdrücklich Partei gegen den Herzog ergreift und in ihrem eigenen Dienerstab einen menschlich-großzügigen Umgang praktiziert, versucht sie bei der Begegnung mit Luise ihre Überlegenheit auf höfische Äußerlichkeiten zu gründen. Von ihrer Kammerzofe peinlich entlarvt, trägt sie die „kostbarsten Brillanten", „den reichsten Stoff" und umgibt sich mit vielen Dienern, um das Bürgermädchen zu beeindrucken (Szenen IV,6 und IV,7). In dieser Unsicherheit der Milford, die sich auch im folgenden Gespräch mit Luise zeigt, führt Schiller die **moralische Unzulänglichkeit der höfischen Wertvorstellungen** auf die Bühne. Es sind nur Äußerlichkeiten, die die Lady der Bürgerstochter hier entgegenzusetzen hat, inhaltlich bleibt sie Luises Argumenten und ihrer Schlagfertigkeit unterlegen.

Die Milford-Figur verdeutlicht, dass der Bürger nicht allein aus pragmatischen Gründen auf **Tugend und Moral** zurückgreift, dass ein sittliches Verhalten **nicht standesgebunden** ist. Der Bürger zieht sich eben nicht bloß deshalb auf bestimmte Wertvorstellungen zurück, um fehlenden Reichtum und Einfluss zu kompensieren, sondern besitzt eine objektiv überlegene Lebenseinstellung. Wie gefährlich eine derartige Position für die Adligen zur Zeit Schillers war, zeigen die Reaktion der Dienerschaft (Szenen IV,8 und IV,9) und die obligatorische Flucht der Lady.

Frau Miller

Im Gegensatz zu ihrem Mann bleibt die Figur der Mutter Luises relativ blass. Mehrfach muss sie sich die unverschämten Beschimpfungen ihres Mannes anhören, der ihr keine eigene Meinung zugesteht. Unreflektiert scheint sie Luises Beziehung zu Ferdinand zu billigen. Einfältiger Stolz sowie die Hoffnung auf materielle Vorteile und sozialen Aufstieg verdecken ihren Blick auf die Gefahren der standesübergreifenden Verbindung (Szenen I,1 und I,2). Ihre Bedeutung für die Handlung des Stücks liegt zunächst darin, dass sie dem höfischen Sekretär Wurm gegen den

Willen des aufgeregten Vaters von Luise und Ferdinand erzählt (S. 10; vgl. auch S. 43) und so dessen verhängnisvolle Eifersucht auslöst. Dem präsidialen Angriff auf den Miller'schen Hausfrieden begegnet sie unterwürfig, sie wirft sich dem Eindringling zu Füßen und bittet um Erbarmen. Von Auflehnung und Selbstständigkeit findet sich bei der Musikerfrau keine Spur (S. 50 f.).

Insgesamt verkörpert Frau Miller in erster Linie die **Unterwürfigkeit und Angepasstheit des Bürgertums**, das ohne Rücksicht auf eigene Wünsche und Pläne seinen niedrigen Platz in der Gesellschaftsordnung akzeptiert. Schiller entlarvt in der Figur der Mutter Miller die Korrumpierbarkeit des Bürgertums durch den adligen Glanz.

Hofmarschall von Kalb

Der Hofmarschall hat innerhalb der Handlung vor allem zwei Funktionen: Erstens ist er der **willfährige adlige Untertan**, der sich dazu benutzen lässt, den fingierten Liebesbrief unter die Leute zu bringen. Der Präsident kennt die Schwächen von Kalbs und weiß dessen Charakterzüge geschickt in seine Pläne einzubauen (S. 57). Darüber hinaus verkörpert der Hofmarschall auf eine karikaturhaft übertriebene – nahezu lächerliche – Weise die **Lebensferne der adligen Gesellschaft**. Zynisch kommentiert von den Äußerungen des Präsidenten, erklärt er, wie er auf einem Ball von dem Oberschenken von Bock um ein Compliment betrogen wurde und seine Frisur zerstört bekam (S. 59 f.). Auch Ferdinand empfindet nur Verachtung für dessen Beruf (S. 78 f.). **Äußerlichkeiten** und **Eitelkeiten** begründen die Wertvorstellungen des Hofmarschalls, er ist abhängig von der Präsidentenmacht und schnell bereit, hierfür seinen Namen und seinen Ruf herzugeben. Die französischen Floskeln, die dem **Höfling** in den Mund gelegt werden, unterstreichen dessen übertriebene Eitelkeit. In der Figur des Hofmarschalls macht sich Schiller über die Welt des Adels lustig (vgl. sprechender Namen „von Kalb").

Figurenkonstellation

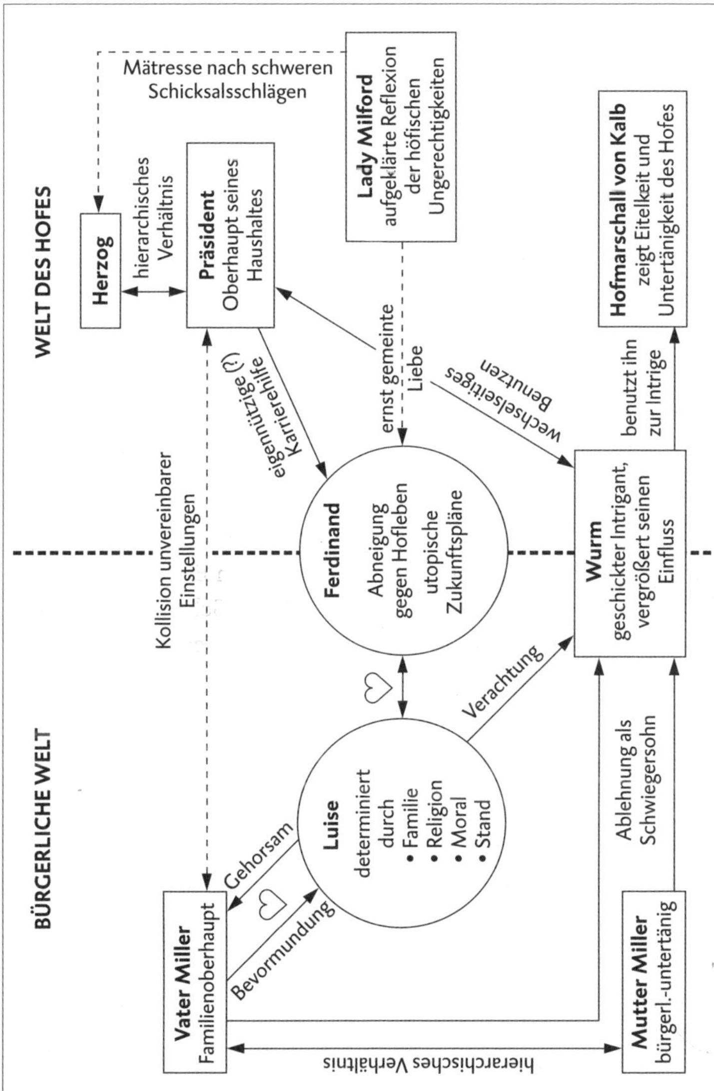

4 Ein bürgerliches Trauerspiel?

Anknüpfend an Strömungen aus England und Frankreich, etablierte sich in der zweiten Hälfte des 18. Jahrhunderts auf den deutschen Theaterbühnen ein neues Genre im Gattungsgefüge des Dramas – das sog. „Bürgerliche Trauerspiel". Es war Gotthold Ephraim Lessing (1729–1781), der hierfür – sowohl mit den Theaterrezensionen der *Hamburgischen Dramaturgie* (1769) als auch mit Dramen wie *Miss Sara Sampson* (1755) oder *Emilia Galotti* (1772) – theoretisch wie praktisch den Boden bereitete.

Gotthold Ephraim Lessing (1729–1781) bemühte sich um Qualitätsverbesserung der Theaterkunst seiner Zeit, u. a. in den Kritiken und Reflexionen der „Hamburgischen Dramaturgie" (1769).

Worin nun das spezifisch „Bürgerliche" dieser neuen Gattung lag, ist von Fall zu Fall unterschiedlich definiert worden. Eine gängige Meinung bezieht die Bezeichnung vor allem auf das **Personeninventar**, das sich im Unterschied zu bisherigen ernsten Stücken nicht mehr allein aus der gehobenen Gesellschaftsschicht des Adels, sondern nunmehr auch aus der mittleren, bürgerlichen Schicht rekrutierte. Bisher – vor allem in Renaissance und Barock – hielt man sich auf der Bühne nämlich an die sog. **Ständeklausel**, nach der in einer Tragödie allein das Schicksal des höchsten gesellschaftlichen Standes dargestellt werden durfte, während das Bürgerliche zum verspotteten Gegenstand der Komödien wurde.

Darüber hinaus wird das bürgerliche Trauerspiel auch aufgrund des **Wirkungsradius** seiner Handlung definiert: Lag die Tragik früherer Stücke immer auch darin, dass die Katastrophen sich auf die große Politik und auf gesamte Staatsführungen bezogen haben, so wirkt die Handlung der bürgerlichen Trauerspiele vor allem im familiären Kreis und bleibt auf das Private beschränkt. *Bürgerlich* versteht sich in dieser Auslegung als Gegensatz zu *öffentlich* und meint etwa „familiär" oder „privat".

Weitere Merkmale der bürgerlichen Trauerspiele waren ihr Verzicht auf die Darstellung eines übertriebenen Heroentums, der Verzicht auf die Adaption historischer Stoffe zur Steigerung der Authentizität und stattdessen eine Hinkehr zur psychologisch nachvollziehbaren und lückenlos rekapitulierbaren Motivation der Handlung. Auch formal grenzt sich das bürgerliche Trauerspiel von der höfischen Tragödie ab: Statt der gebundenen Sprache wird nun natürliche Prosa verwendet. Ziel dieser neuen dramatischen Form war nicht die Auslösung von Erstaunen oder Bewunderung, sondern eine **emotionale Aufklärung des Zuschauers**, der sich mit den Handelnden auf der Bühne identifizieren und durch ihr Schicksal lernen sollte.

Kabale und Liebe reiht sich nicht nur aufgrund der ausdrücklichen Bezeichnung im **Untertitel** in die Gattungsgeschichte des bürgerlichen Trauerspiels der Lessing'schen Tradition ein.

Schon der Blick auf das **Personeninventar** zeigt überdeutliche Parallelen zu den dramatis personae der *Emilia Galotti*. Auch hier sieht sich eine Bürgersfamilie den Machtauswüchsen des Adels gegenübergestellt, auch hier fungiert ein Emporkömmling in der

Rolle des höfischen Beraters als gewissenloser Intrigant, auch hier tritt eine beleidigte Adlige als aufgeklärte Enttarnerin der höfischen Falschheit auf die Bühne – dass sich Schiller die *Emilia* als Vorbild genommen hat, ist offensichtlich. Darüber hinaus lassen sich Bezüge zu anderen deutschen bürgerlichen Trauerspielen wie Otto Heinrich v. Gemmingens *Deutscher Hausvater* (1780) oder Heinrich Leopold Wagners *Kindermörderin* (1776) feststellen.

Es sind allerdings nicht bloß Untertitel und Figuren, die *Kabale und Liebe* diesem Genre zuweisen, sondern auch spezifische inhaltliche Komponenten. Eine **Kritik** an der **ständischen Gesellschaftsordnung** und der **Korruption des Adels** ist in dem Drama zweifelsohne enthalten. Die sog. „Kammerdienerszene" (Szene II,2), in der die Lady Milford durch ihren Kammerdiener vom Soldatenhandel und dem despotischen Umgang des Herzogs mit seinen Untertanen erfährt, spricht für sich, und auch die Gedanken der Lady Milford, die ihren Abschied vom Hof einleiten (Szene IV,9), sind eindeutige Kritik an den höfischen Lebensformen.

Ob der tragische Konflikt des Stücks nun allerdings allein oder hauptsächlich durch den Standesunterschied zwischen Luise und Ferdinand motiviert ist, kann unterschiedlich gewertet werden. Zweifellos erschwert er die Verbindung der beiden, Gründe für den Konflikt liefert aber ebenso deren beider Charakter. *Kabale und Liebe* ist daher nicht mehr allein ein Drama des Ständekonflikts, sondern die „Tragödie der unbedingten Liebe" [6].

Ein Aspekt, in dem *Kabale und Liebe* in den Augen der Literaturwissenschaft ebenfalls über das typische bürgerliche Trauerspiel hinausgeht, ist der Verweis ins Religiöse: Die beiden Liebenden erkennen, dass ihre paradiesische Vorstellung einer Beziehung in der ihnen begegnenden Wirklichkeit nicht realisierbar ist, sodass sie an der Diskrepanz zwischen paradiesischer Idealvorstellung und Wirklichkeit scheitern.

retation von Schlüsselszenen

ıste Szene: Das Kernstück der Intrige

nte dritte Akt steht im Zeichen der Vorbereitung der chen Intrige. Präsident und Sekretär haben sich zusam- an, um – aus je unterschiedlicher Motivation – Luise und ınd auseinander zu bringen. Dass alleine durch Macht- n, Lautstärke und Drohungen nichts auszurichten ist, hat ım Ende des zweiten Aktes gezeigt. Alternativlos hat sich Präsident auf den Vorschlag Wurms eingelassen. Hofmar- ıll von Kalb ist bereits zum Mitspielen genötigt worden, die llers sind inhaftiert – es bleibt also nur noch, Luise geschickt die Pläne zu integrieren. Die letzte Szene des dritten Aktes ildet in diesem Sinne den Höhepunkt der Vorbereitung der ntrige. Hier wird ihr wichtigster Stützpfeiler gestellt, hier entscheidet sich unumgänglich der weitere Verlauf des Geschehens.

Wurm trifft die Musikertochter beängstigt und verunsichert. Hinter ihr liegt eine Grundsatzdiskussion mit dem Geliebten, deren einzig realistische Konsequenz in der Trennung des Paares besteht. Außerdem hat Luise eine beklemmende Vorahnung über den Grund des langen Ausbleibens ihrer Eltern (S. 66; Z. 28 ff.). Orientiert am Inhalt der Szene und am Verlauf des Dialogs, lassen sich sechs Abschnitte unterscheiden, in denen Luise Schritt für Schritt in die Kabale verwickelt wird:

Der erste Abschnitt (S. 67, Z. 5–18) fungiert als Überleitung. Die Szene wird an das Vorausgehende angeknüpft. Gleichsam angekündigt durch Luises Bemerkung, in jedem Winkel Gespenster zu sehen, tritt Wurm aus dem Hintergrund heraus und spricht die Beunruhigte an. Sofort verbindet Luise ihre unangenehmen Gedanken mit der Präsenz des Sekretärs, der ja während des gesamten Stücks eine teuflisch-gespenstische Rolle spielt. Obwohl die beiden in dieser Szene zum ersten Mal auf der Bühne zusammentreffen, sind sie sich nicht unbekannt. Luise kennt die Stellung des Sekretärs und bringt ihn sofort mit dem Pr denten in Verbindung, der kurz zuvor noch in ihrem Elternh gewütet hat und sie zusammen mit der Mutter an den Pran stellen wollte. Außerdem kennt sie wohl seine Ambitione selbst eine Verbindung mit ihr einzugehen. Luise bezeichnet si diesbezüglich als die „Braut“ (S. 67, Z. 16) ihres Gegenübers. Au Luises Worten spricht zunächst Verachtung für den Höfling, si wird erst zugänglicher, als er ihren Vater erwähnt.

Nun beginnt ein neuer inhaltlicher Abschnitt dieser Szene (S. 67, Z. 19 bis S. 68, Z. 23). Schritt für Schritt offenbart Wurm der gequälten Luise, was sich in der Zwischenzeit ereignet hat. Er erwähnt die Gefangenschaft des Vaters und den Zwang Ferdinands, sich für die Milford zu entscheiden. Selbst das Schicksal von Luises Mutter – sie befindet sich inzwischen im Spinnhaus – bildet eine weitere Facette in der desaströsen Veränderung von Luises Lebenssituation. Luise wird sich ihres Hiob-Schicksals bewusst und erkennt, dass alle Beziehungen zu Personen, die ihr etwas bedeutet haben, zerstört sind. In ihrem Entsetzen zweifelt sie aber niemals daran, dass ihr furchtbares Schicksal von Menschenhand gestaltet ist, dass es sich um eine bewusst eingeleitete, „vollkommen“ erscheinende „Büberei“ (S. 68, Z. 13) handelt. Luise hat mit der Inhaftierung ihres Vaters und der Abwendung Ferdinands alles verloren, was ihren Lebensinhalt ausmachte. Die existenzielle Bedeutung der Ereignisse drückt sich in ihrem „schrecklichen Stillschweigen“ (S. 68, Z. 20 f.) aus – für einen Moment sieht Luise ihr Leben an ein Ende gelangt. Aufgefordert durch Luises Frage nach weiteren Neuigkeiten, bemerkt Wurm, dass alles bisher Vorgebrachte sich allein auf die Vergangenheit beziehe. Luise schweigt erneut, da ihr klar wird, dass ihr Unglück noch um eine weitere Dimension ergänzt wird: die Zukunft.

Mit Wurms indirekter Bemerkung (S. 68, Z. 23) beginnt der nächste Abschnitt. Dabei bleiben die Redeanteile des Sekretärs wie in den vorausgegangenen Abschnitten knapp. Sie fungieren gleichsam als Impulse, die bei Luise bestimmte Assoziationen auslösen und den Dialog damit bloß indirekt fortführen. Jegliche Konkretisierung der Anspielungen wird allein von Luise vorgenommen. Wurms Rede (z. B. S. 68, Z. 23; S. 69, Z. 1 und Z. 7) enthält in diesem dritten Abschnitt kaum eine konkrete Aussage, dennoch erreicht sie bei Luise – unterstützt durch die ebenso inhaltsleere Gestik (S. 69, Z. 24) – die erhoffte Wirkung. Wurms Plan geht auf. All seine intendierten Absichten hinsichtlich Luises Verhalten werden von dieser selbst vorgeschlagen. Ein interessantes Detail dieses Abschnitts bildet auch Luises Charakterisierung des Sekretärs. Sich selbst immer wieder auf Gott und den Himmel berufend (z. B. S. 67, Z. 6 und Z. 24; S. 70, Z. 6), stellt sie Wurm mehrfach in einen ausdrücklichen Zusammenhang mit Hölle und Teufel (z. B. S. 71, Z. 11; S. 72, Z. 21). Zunächst sieht sie das Diabolische darin, dass Wurm als Überbringer der Hiobsbotschaften fungiert. Seine Zurückhaltung interpretiert sie dabei keineswegs als Mitleid oder Höflichkeit, sondern als bewusst angewandte Foltermethode (S. 69, Z. 8 ff.). Inzwischen um die Neuigkeit bereichert, dass ihrem Vater ein Prozess auf Leben und Tod blüht, verlässt Luise den Raum und bringt Wurm in Verlegenheit. Sie reagiert hier scheinbar anders als es der vermeintliche Menschenkenner vorausgeplant hat. Er befürchtet, Luise würde sich das Leben nehmen und damit die begonnene Intrige – zumindest in Bezug auf seine privaten Hoffnungen – überflüssig machen. Doch Luise kommt zurück.

Die Idee eines letzten Auswegs lässt sie noch einmal die Initiative ergreifen – es beginnt ein weiterer Abschnitt dieser Szene. Luise prangert nun die Distanz des Herzogs zu seinen Untertanen an und möchte ihm dies auch selbst vor Augen führen. Sie beabsichtigt, durch ihren Besuch die Realität des menschlichen Elends in die pseudogöttliche Sphäre des Herzogs hinein zu tragen. Außerdem weist sie darauf hin, dass auch der Herzog nicht die letzte Instanz der Hierarchiekette darstellt, da auch er sich vor dem Jüngsten Gericht verantworten müsse. Ohne die Dimension einschätzen zu können, hat Luise damit vielleicht den einzigen Ausweg aus der beginnenden Intrige erkannt. Dass sich der Sekretär dieser Gefahr bewusst ist, zeigt sein Erschrecken (S. 69, Z. 32), das allerdings nur kurz währt. Noch während Luise ihr Vorhaben darlegt, kommt dem Meisterintriganten die rettende Idee. Schnell spürt er wieder genug Boden unter den Füßen, um überheblich und „überlaut" zu lachen (S. 70, Z. 4). Da Luise von der Aufhebung der Standesschranken im Jenseits spricht, liegt für ihn nichts näher als auf deren Bestehen im Diesseits hinzuweisen. Wurm prophezeit Luises Vorhaben Erfolg und muntert sie zur Durchführung auf. Freilich ist sich der Sekretär darüber im Klaren, dass die Bürgerstochter den von ihm angesprochenen Preis niemals zahlen würde. Nicht einmal um das Leben des Vaters zu retten, würde sie ihre Ehre aufgeben und sündigen. Sie hätte mit dem Besuch beim Herzog also nichts gewonnen, ihre Sünde wäre für sie schlimmer als der Tod (S. 71, Z. 4). Auch in diesem Abschnitt bleibt Wurms Rede ausgesprochen inaktiv. Zynisch empfiehlt er Luise den Besuch beim Herzog. Ohne große Mühen gelingt es ihm dabei, Luise in seinem Sinne umzustimmen und für sein Vorhaben gefügig zu machen.

Luise erkennt an Wurms Verhalten, dass diesem bereits eine konkrete Rettungsmöglichkeit vorschwebt, sie bittet ihn um deren Offenbarung. Der hierdurch eingeleitete fünfte Abschnitt der Szene bildet das Kernstück: Wurms geschickte Vorbereitungen gipfeln darin, dass er Luise den falschen Brief abnötigt. Zunächst offenbart er dazu den Zweck der Erpressung: Ferdinand soll freiwillig von seiner Liebe zu Luise zurücktreten (S. 71, Z. 24 f.), weil allein hierin die Möglichkeit liegt, dass er überhaupt auf die Geliebte verzichtet. Mit keinem rationalen Argument konnte er bisher zu diesem Schritt gebracht werden, Wurm versucht es nun auf einem emotionalen Weg. Luise kennt Ferdinand gut genug, um zu wissen, dass er sie nicht verlassen will. Mit ihrer

Bemerkung: „Kann ich ihn zwingen, dass er mich hassen muss?“ (S. 71, Z. 30) entlarvt sie gleichsam den Kern der Idee Wurms. Luise ist zunächst beunruhigt über das Bevorstehende, sie traut Wurm nicht über den Weg und ahnt die Dimension des Briefes. Erfolglos versucht sie sich aus der Situation zu winden, ist sich aber längst darüber im Klaren, dass es kein Entrinnen gibt. Wurm weist sie daher indirekt und ironisch auf die Ausweglosigkeit der Situation hin. Als Luise sich zum zweiten Mal setzt (S. 72, Z. 32), ist ihr Wille vollends gebrochen. Sie erkennt nun endgültig, wie hoffnungslos ihre Lage ist. Wenn sie bemerkt: „Nunmehr ist alles gleich. Diktieren Sie weiter. Ich denke nichts mehr …“ (S. 72, Z. 30 f.), hat sie genau die Einstellung erreicht, die Wurm ihr während der gesamten Szene vermitteln wollte. Luise resigniert, was man auch an ihrer Sprache nachweisen kann. Scheinbar bestätigend unterstützt sie Wurms Diktat und bittet mehrfach um Fortsetzung. Als sie Wurm den Brief übergibt, händigt sie ihm gleichzeitig ihre gesamte Identität aus. Sie bekennt, dass ihr nichts mehr von dem übrig blieb, was ihr im Leben wichtig war, wenn sie feststellt: „Ich bin eine Bettlerin.“ (S. 73, Z. 28) Wurm hat damit ein wichtiges Etappenziel erreicht. Die Intrige kann nun vollends auf den Weg gebracht werden. Ferdinand wird sich von Luise abwenden, der Präsident kann seine Pläne verwirklichen.

Seine eigenen Ziele hält der Sekretär jetzt – im letzten Abschnitt der Szene – nicht länger versteckt. Er heuchelt Mitleid mit Luise und deutet an, dass er sich eine Beziehung mit ihr weiterhin vorstellen kann. Luise drückt jedoch ihren Hass gegen den Verführer aus und wird ohne großes Aufheben zu dem Eid verpflichtet, den soeben verfassten Brief als echt auszugeben. Wurm weiß, dass ein Eid für die bürgerlich denkende Luise keine „Kleinigkeit“ ist, dass sie sich also unter allen Umständen daran halten wird. Vor allem dieser Eid wird im weiteren Verlauf des Stücks verhindern, dass Luise die Intrige früh genug aufdeckt.

Auch wenn es einiger Geschicklichkeit bedurfte, hat Wurm es in dieser Szene also geschafft, die Vorbereitungen der Kabale zu vollenden. Wie sich die Personen in diesem neuen Paradigma verhalten werden, zeigt der weitere Verlauf.

Akt 4, Siebte Szene: Das Duell um Ferdinand

In der siebten Szene des vierten Aktes treffen mit der Lady Milford und Luise zwei Protagonistinnen zu einem Schlagabtausch auf der Bühne zusammen, die trotz extrem unterschiedlicher Persönlichkeiten und Charaktereigenschaften durch ihre Liebe zu Ferdinand in Beziehung zueinander stehen. Dass die Milford Ferdinand liebt und dass ihre Verbindung mit dem Herzog nachvollziehbare Gründe in ihrer Biografie hat, weiß der Zuschauer seit dem zweiten Akt. Hinter Luise liegen inzwischen die Ablehnung einer gemeinsamen Flucht mit Ferdinand (Szene III, 5) und das Diktat des falschen Briefs (Szene III, 6), der inzwischen auch in Ferdinands Hand gelangt ist. Während also im Hintergrund die Intrige Wurms ihren verhängnisvollen Lauf nimmt, muss sich Luise in Szene IV, 7 vor einer Nebenbuhlerin verteidigen, welcher sie durchaus eine gewisse Aufrichtigkeit in der Liebe zu Ferdinand zugesteht (vgl. S. 89, Z. 20).

Schon bevor Luise auftritt, bemüht sich Schiller darum, eine gewisse Unterlegenheit der Lady zu demonstrieren, merkt der Zuschauer doch bereits in Szene IV, 6, wie angespannt sie vor der Begegnung mit Luise ist. Ihre Bemerkung: „... wie eine Verbrecherin zittre ich, die Glückliche zu sehen, die mit meinem Herzen so schrecklich harmonisch fühlt ...“ (S. 82, Z. 33 f.) deutet verschiedene Aspekte an, die sich in der folgenden Szene konkretisieren werden: Zunächst ist damit die Gemeinsamkeit der beiden – ansonsten sehr unterschiedlichen – Frauenfiguren angesprochen: ihre Liebe zu Ferdinand. Mit dem Hinweis auf das „Herz“ nennt die Lady Milford eine Größe, die Luise im Folgenden auch mehrfach als Beleg ihrer Verbundenheit anführen wird

– eben deshalb wird sie sich vielleicht auch als eine „Glückliche“ erweisen. Der Titel „Verbrecherin“, den sich die Lady selbst gibt, deutet darauf hin, dass sie im folgenden Gespräch eben nicht so auftreten wird, wie es ihrem Herzen, ihrer inneren Überzeugung oder ihrem Gewissen entspricht.

Die Milford scheint das Auftreten des Bürgermädchens zu fürchten und verschafft sich mit der leicht durchschaubaren Strategie, Luise ihren Reichtum und ihre Position von Beginn an vor Augen zu führen, eine erste scheinbare Überlegenheit. Äußerlichkeiten sollen ihre Argumente unterstützen. Ihr Plan scheint zunächst aufzugehen: Luise „tritt schüchtern herein“ (S. 84, Z. 2) und demonstriert auch in ihrer ersten Äußerung („Gnädige Frau, ich erwarte Ihre Befehle.“) unbedingte Untertänigkeit. Die Lady gibt sich überlegen und versucht den Eindruck zu erwecken, es handle sich bei Luises Besuch eher um eine Nebensächlichkeit.

Im ersten Teil der Szene führt Lady Milford neben den Differenzen hinsichtlich des sozialen Status deutlich auch ihr Alter und ihre Lebenserfahrung gegen die Nebenbuhlerin ins Feld. In wohlwollendem – implizit aber herablassendem – Ton demonstriert sie Luise ihre Überlegenheit, Titulierungen als „mein Kind“, „Trotzkopf“ und „liebes Mädchen“ unterstützen dies. Luises Verhalten und die Innigkeit ihrer Liebe zu Ferdinand werden damit auf mangelnde Lebenserfahrung und fehlende Weitsicht zurückgeführt. Entsprechend der aufgebotenen höfischen Äußerlichkeiten unterstellt die Adlige, dass Luises Wert vor allem in ihrem Aussehen bestehe, das sie aber als vergänglich anmahnt. Es wird dabei nachvollziehbar, dass Luises Aussehen noch die angenehmste Überlegenheit wäre, die die Lady Milford ihr zugestehen kann. Schon in der vorausgehenden Szene befürchtet sie: „Ich muss erröten, wenn sie nur das gewöhnliche Weib ist, und wenn sie mehr ist, verzagen.“ (S. 83, Z. 9 ff.) Gegen die Vergänglichkeit der Schönheit könnte sie nämlich tatsächlich ihren sozialen Status und dessen materielle Begleiterscheinungen als langfristig überlegene Größe anführen, „verzagen" müsste sie jedoch vor überlegenen Charaktereigenschaften des Bürgermädchens.

Der Tonfall der Lady wird während des ersten Teils der Szene allmählich gereizt. Sie merkt in den – zunächst noch sehr zurückhaltenden – Bemerkungen Luises, dass diese durch ihre Ausführungen kaum beeindruckt ist. Gereizt fragt sie schließlich: „Warum begafft Sie mich so?" (S. 86, Z. 5 f.), worin sich ihre Unsicherheit, ihr schlechtes Gewissen ausdrückt. Deuten sich schon vorher einige ironische Spitzen gegen die Rede der Milford an, so wagt Luise nun zum ersten Mal eine eindeutige Konfrontation. Längst hat sie durchschaut, dass die Ausführungen der Lady als Machtdemonstrationen und Beschwichtigungsversuche zu verstehen sind. Mit dem Hinweis auf den „prächtig blitzenden Rubin" (S. 86, Z. 8), der so gar nicht zu den Reden wider die menschliche Eitelkeit passt, entlarvt sie die Diskrepanz zwischen den Reden und der Lebensführung ihrer Kontrahentin.

„Unschuld" und „Herz" sind die Schlüsselbegriffe von Luises bürgerlichem Denken, sie bilden die Basis ihrer Wertvorstellung. Die Überlegenheitsverhältnisse innerhalb des Rededuells beginnen sich zu verschieben. Immer deutlicher wird die Diskrepanz zwischen Reden und Fühlen bei Lady Milford. Luise entlarvt die Unangemessenheit ihrer Rede von höfischer Ehre und Würde und bezeichnet das Haus der Milford indirekt als „Freistätten der frechsten Ergötzlichkeit" (S. 86, Z. 25).

Wenn die Lady Luise schließlich unter Drohungen befiehlt, Ferdinand zu vergessen (S. 88, Z. 34 ff.), ist dies ein letztes Aufbäumen ihrer Flucht in die Standeshierarchie. Sie ahnt längst, dass sie Luise im Hinblick auf Ehrlichkeit und Aufrichtigkeit unterlegen ist, und äußert dies auch. Die Lady erkennt, dass Luises Wert nicht auf Äußerlichkeiten – etwa ihrer Jugend oder ihrer Schönheit – basiert, sondern auf einer tragfähigen Übereinstimmung von innerer Empfindung und äußerem Handeln. Luise wird ihr zur „großen göttlichen Seele" (S. 89, Z. 25), auch wenn sie mit schmeichlerischem Ton noch einmal versucht, Ferdinand für sich zu beanspruchen, ihn Luise gleichsam abzukaufen.

Pathetisch beendet Luise daraufhin den Dialog mit der Lady. Sie gibt vor, auf Ferdinand verzichten zu wollen, und scheint das Feld für die Nebenbuhlerin zu räumen. Sicherlich weiß Luise, dass ihr letzter Schlag die Milford treffen wird: Sie bringt die Liebe, Gott und die Schöpfung als abstrakte Größen ins Spiel, die durch persönliches Besitzdenken zerstört werden. Luise weiß, dass die Lady dies nicht einfach übergehen kann. Ihr angedrohter Selbstmord ist ein Hinweis auf den weiteren Verlauf des Stückes, gleichzeitig ist er aber auch die Androhung einer Hypothek auf eine potenzielle Verbindung mit Ferdinand, welche die Lady sicherlich nicht übernehmen wird. Die beiden folgenden Szenen belegen dies.

Zusammenfassend scheint die Szene einem Duell vergleichbar, in dem die beiden Frauen ihren jeweiligen Charakter aufbieten, um die andere von sich und der Richtigkeit ihrer Wertvorstellungen und letztlich ihrem Recht auf Ferdinand zu überzeugen. Während die Lady Milford das ständische Denken, potenzielle Lebenserfahrung und finanzielle Möglichkeiten als Hauptargumente anführt, beruft sich Luise auf ihr Herz und die Aufrichtigkeit des Gefühls sowie auf eine Art göttlicher Vorbestimmtheit ihrer Beziehung zu Ferdinand. Die direkten Hinweise der Lady auf die Vergänglichkeit ihrer – äußerlichen – Schönheit tangieren diese Vorstellungen nicht. Sie bleiben als Argumente insofern wirkungslos. Anders verhält es sich mit Luises Entgegnungen gegen die Lady. Da diese sich in der Szene eigentlich im Widerspruch zu ihrer Einstellung, ihrem Herzen verhält – sie denkt ja im Gegensatz zu den anderen Protagonisten aus dem Adelsstand nicht allein skrupellos, eigennützig und machtorientiert –, gewinnt die Musikertochter mit ihrer bürgerlichen Ehrlichkeit eine gewisse Überlegenheit gegenüber der Mätresse des Herzogs. Sieger des Rededuells wird also zunächst Luise.

Der Schluss: Plateau des finalen Scheiterns

Die acht Szenen des letzten Aktes führen konsequent zu Ende, was sich während des gesamten Dramas anbahnt: Ferdinand – nachdem er sich nochmals der Echtheit des Briefs vergewissert hat – lässt seine Enttäuschung über den vermeintlichen Betrug in der Vergiftung Luises gipfeln. Mit Luise schwindet auch für ihn selbst jegliche Lebensperspektive; er scheidet freiwillig aus dem Leben. Tragisch untermalt wird der Tod des Liebespaares durch das Aufdecken der Intrige zu einem Zeitpunkt, da beide bereits die vergiftete Limonade zu sich genommen haben und ihr Ende nicht mehr zu vermeiden ist. Dass es dem Präsidenten bei allen vorgefassten Plänen tatsächlich auch um Ferdinands Liebe und Achtung ging, zeigt sein Verlangen nach Vergebung. Erst als sein sterbender Sohn ihm offenbar verzeiht, begibt er sich in die Hände der Gerichtsdiener; auch er hat nun nichts Größeres mehr zu verlieren. Schon vorher zeigt sich, dass er – trotz seiner höheren gesellschaftlichen Stellung – nicht gegen die Intrigen seines Sekretärs gewappnet ist: Wurm lehnt alle Verantwortung für das Geschehen ab und droht mit dem Verrat von Geheimnissen, die seinem Herren schaden könnten. Dennoch wird auch der Intrigant festgenommen.

Anschaulich und dramatisch bieten die letzten Szenen des Trauerspiels ein Plateau des kollektiven Scheiterns. Luises und Ferdinands Beziehung erhält endgültig den Todesstoß, nachdem ihre Realisierbarkeit während des gesamten Stücks schon in Frage stand. Die Gründe sind die selben, die schon vorher für Missverständnisse und Verwirrung sorgten: **Ferdinand** ist immer noch der Skeptische, als der er sich bereits in der ersten beschriebenen Begegnung mit Luise zu erkennen gibt (I,4). Ohne wirklich auf sie einzugehen, interpretiert der Enttäuschte Luises Erschrecken bei seinem Auftritt als Bestätigung seiner Vermutungen. Er unterstellt ihr ein schlechtes Gewissen, worin er den Beweis ihrer Treulosigkeit erkennt (S. 101, Z. 19 ff.). Zynisch und beleidigt agiert er auch im weiteren Verlauf des Gesprächs und blockiert damit eine Sicht auf die wirkliche Sachlage. Ferdinand unterdrückt die Sprache seines Herzens (vgl. S. 116, Z. 25) und seine Intuition, die ihm den Betrug mehrfach andeuten: Nachdem er zunächst Luises Geständnis erpresst hat, artikuliert er die Unmöglichkeit des Treuebruchs selbst (S. 104, Z. 17 ff.), zerstört diesen Eindruck allerdings wieder durch ein weiteres Nachfragen. Ferdinand erkennt die Diskrepanz zwischen seinem Fühlen und seinem Denken, wenn er sagt:

> *Dieses schöne Werk des himmlischen Bildners – Wer kann das glauben? – Wer sollte das glauben?* [...] *Ich will dich nicht zur Rede stellen, Gott Schöpfer – aber warum denn dein Gift in so schönen Gefäßen? – – Kann das Laster in diesem milden Himmelstrich fortkommen? – O es ist seltsam.* (S. 115, Z. 7 ff.),

dennoch ignoriert er auch hier seine innere Stimme und hält sich an das, was er sieht.

Es ist nur konsequent, dass er sich nach der Eröffnung des Betrugs auch gegen seinen Vater wendet, müssen sich doch sein Zorn und seine Hilflosigkeit irgendwohin entladen. Nirgends hinterfragt Ferdinand sein eigenes Verhalten, als Luises Mörder gilt für ihn sofort der Vater (S. 119, Z. 19).

Auch **Luises** Charakter und Verhalten in der letzten Szene tragen weiterhin zum katastrophalen Ausgang bei. Sie weiß, wie intensiv Ferdinands Liebe ist, und noch immer empfindet sie das Gleiche. Noch immer lösen Ferdinands Worte den Feuerbrand in ihrem Herzen aus (vgl. I, 5, S. 17), auch wenn sie angesichts der schönen Worte des Geliebten nun bedauert: „Das anzuhören, und schweigen zu müssen!“ (S. 115, Z. 14)

Eben dieses „müssen“ birgt im Kern den Anteil Luises am tödlichen Ausgang der Kabale. Nicht einmal im Angesicht der tiefsten Verzweiflung des immer noch Geliebten, nicht einmal in der Konfrontation mit den schmählichsten Beleidigungen aus dem Munde desselben setzt sie sich über den auf Gott geleisteten

Schwur der Verschwiegenheit hinweg. Noch wäre es früh genug, zumindest zwei Leben zu retten, doch der falsch verstandene Ehrlichkeitsbegriff blockiert diesen Ausweg weiterhin.

Unaufhaltsam scheitert auch der **Musiker Miller**. Noch einmal scheint er in der ersten Szene des fünften Aktes die Handlung zum Guten gewendet zu haben, gelingt es ihm doch, durch Appelle an Luises Familiensinn und ihre Religiosität den Selbstmord zunächst zu verhindern. Miller sorgt für eine Verzögerung der Handlung – ein retardierendes Moment.

Doch ist dieser Sieg – auch ohne den Blick auf seine spätere Revision – auch für sich selbst genommen nur ein scheinbarer. Die Bühnenanweisung zu V, 1 verdeutlicht anschaulich die Kommunikationssituation zwischen Vater und Tochter während der gesamten Szene: Die beiden stehen weit auseinander, die Dunkelheit verhindert den Blickkontakt, zumindest den des Vaters auf die Tochter, und so verläuft auch das folgende Gespräch. Dass Miller Luise überreden kann, ihr durchdachtes und wohl überlegtes Vorhaben („Ich hab einen harten Kampf gekämpft. Er weiß es, Vater. Gott gab mir Kraft. Der Kampf ist entschieden." S. 96, Z. 2 ff.) aufzugeben, liegt eindeutig nicht an seiner Kompetenz, auf die Probleme der Tochter einzugehen, sondern rührt allein aus der Beschwörung christlich-religiöser Schuld und Jenseitsvorstellungen. Zentrales Argument zur Vermeidung des Selbstmordes wird dabei sein Bemühen, Luise ein noch schlechteres Gewissen zu verschaffen, als sie es ohnehin schon hat. Er beteuert: „ich will dir dein Herz nicht noch schwerer machen" (S. 98, Z. 28 f.), und tut genau dies, indem er auf seine persönliche Enttäuschung als Vater und vor allem auf den Richtergott verweist (S. 99, Z. 36).

An keiner Stelle versetzt sich der liebende Vater in die Perspektive der ausweglos betrübten Tochter, selbst die Andeutungen des Selbstmordes versteht er erst, als Luise es ausdrücklich sagt: „Der dritte Ort ist das Grab." (S. 97, Z. 28) Dass sich Luise nun doch von dem Gedanken des Selbstmordes abwendet, hat keinesfalls zur Ursache, dass sie nun wieder eine Lebensperspektive gefunden hat, der Vater hat ihr vielmehr auch noch die letzte Ausfluchtmöglichkeit genommen. Luises Ausweglosigkeit ist nun perfekt, sie muss bekennen: „Wehe mir, wehe! Verbrecherin, wohin ich mich neige!“ (S. 100, Z. 17 f.). So absurd und unmöglich die Zukunft als bettelnde Wandermusikanten ohnehin schon erscheint, so verheerend wirkt sich Millers Vehemenz schließlich im weiteren Verlauf der Handlung aus.

Über Luises Schwurtreue hinaus ist es nämlich auch die Beharrlichkeit des Vaters, die die Aufdeckung der Kabale verhindert. „Um Gottes willen, Tochter! Vergiss nicht! Vergiss nicht!“ (S. 103, Z. 26 f.), mahnt er Luise angesichts der betörenden Worte Ferdinands. Millers Beitrag zum Ende der beiden Liebenden wird im weiteren Verlauf noch umfangreicher. Wieder gelingt es ihm nicht, sich in die Perspektive seiner Mitmenschen zu versetzen. Wie ein „Halbnarr“ gebärdet er sich, als er von Ferdinand die Goldstücke erhält. Ohne die Absichten des Majors auch nur im Ansatz zu ahnen, lässt er sich blenden und nimmt den Judas-Lohn an. Als er trotz Luises Drängen das Haus verlässt und den Brief zum Präsidenten bringt, öffnet er dem Mörder auch noch die letzte Tür, um seinen Plan durchzuführen.

Wurm selbst tritt als Drahtzieher der gesamten Intrige im letzten Akt kaum in Erscheinung. Schon vorher hat er geschickt die Weichen gestellt und alles in seinem Sinne auf den Weg gebracht. Er muss hier nur noch ernten, was er gesät hat. Dennoch schlägt sein Plan fehl: Weder gelingt es ihm, Ferdinand dauerhaft dem Hofleben zuzuführen, noch verhilft ihm die Intrige dazu, Luise selbst in den Armen zu halten. Vieles wurde von Wurm richtig eingeschätzt, viele Charaktere hat er richtig interpretiert und gegeneinander ausgespielt, allein die Macht und die Konsequenzen der Liebe scheinen ihm fremde, unberechenbare Faktoren zu sein. Schon in der Werbung um Luise im ersten Akt zeigt er sich als miserabler Liebhaber und bittet den Vater gefühllos um Unterstützung seines Anliegens. Es ist dieselbe Gefühllosigkeit, die ihn die Konsequenzen seiner Intrige falsch berechnen lässt.

Allenfalls die beleidigte Eitelkeit des verschmähten Liebhabers mag im letzten Akt gerächt und die Machtdemonstration mit dem Präsidenten endgültig zu seinen Gunsten entschieden sein, wenn er die Worte seines Arbeitgebers aus der Szene I, 5 (S. 20, Z. 26 f.) umkehrt und nun seinerseits die Schurkereien aufdecken will (S. 121).

Eben weil Schiller das Scheitern auf so breiter Ebene stattfinden lässt, fällt es schwer, zu entscheiden, wessen Botschaft er dem Zuschauer vermitteln will und gegen wen sich seine Kritik wendet. Eindeutig werden freilich die angedeuteten autoritären Strukturen kritisiert, sei es im Verhalten des Präsidenten, sei es aber auch im Wesen Millers. Eine klare ständische Parteinahme des Stücks *Kabale und Liebe* wird man schwerlich feststellen können, sind die bürgerlichen Akteure für die Katastrophe doch ebenso verantwortlich wie der Hof.

Angeprangert werden sicherlich auch bestimmte persönliche – also gesellschaftsunabhängige – Charakterzüge. Ferdinands Verzicht auf sein Misstrauen und seinen Hang zur Übertreibung hätte die Unausweichlichkeit des Endes ebenso vermeiden können wie eine richtig verstandene Ehrlichkeit und Religiosität von Seiten Luises.

Die letzte Beurteilung über Schuld und Verantwortung geht bei Schiller offenbar nicht über das Aufzeigen des schlechten Gewissens und der vehementen Ablehnung der Verantwortung seitens der Intriganten hinaus. Wer am Ende wirklich zur Rechenschaft gezogen wird, scheint dem – während des Stücks vielfach beschworenen – Richtergott überlassen.

Rezeptions- und Wirkungsgeschichte

Die Mannheimer Erstaufführung des Stücks im Jahr 1784 wurde von den meisten Kritikern als großer Erfolg gewertet, weitere Aufführungen in Frankfurt, Berlin, Breslau, Leipzig und zahlreichen anderen deutschen Städten setzten diesen fort. Früh wurde *Kabale und Liebe* an einzelnen Bühnen ins ständige Repertoire aufgenommen, allein in Wien und Stuttgart wurden die Aufführungen aus politischen Gründen verboten.

Schon 1785 wurde das Stück ins Englische übersetzt, fünf Jahre später auch ins Französische. Trotz der guten Aufnahme durch das Publikum wurde Schillers bürgerliches Trauerspiel im Hinblick auf Popularität und Beliebtheit allerdings von den einfacheren und unpolitischer angelegten Familien-Rührstücken der Dichter Kotzebue, Iffland und Gemmingen übertroffen.

Ungeachtet des relativ großen Bühnenerfolgs blieb die Kritik an *Kabale und Liebe* nicht aus. Vor allem der Schriftsteller Karl Philipp Moritz (1756–1793) äußerte sich im Juli und September 1786 herablassend und kritisch über Schillers Drama:

> *In Wahrheit wieder einmal ein Product, was unsern Zeiten – Schande macht! Mit welcher Stirn kann ein Mensch doch solchen Unsinn schreiben und drucken lassen, und wie muß es in dessen Kopf und Herz aussehen, der solche Geburten seines Geistes mit Wohlgefallen betrachten kann! –* [7]

Moritz kritisierte die Charaktere des Stücks als zu platt, ihre psychologische Anlage schien ihm widersprüchlich und unnachvollziehbar, ihre Sprache pöbelhaft und unverständlich. Auch Ferdinands Pathos wurde Gegenstand seines polemischen Verrisses:

Der Ferdinand ist nun vollends ein unausstehlicher Mensch, der immer das Maul erschrecklich voll nimmt, und doch am Ende nur, wie ein Geck handelt. – Herr Schiller denkt wohl, es sei erhaben, und stark gesprochen, und erschüttere Mark und Bein, wenn er seinen Ferdinand zu Louisen sagen lässt: „Ich will frey wie ein Mann wählen, daß diese Insectenseelen am Riesenwerk meiner Liebe hinaufschwindeln!" [...][8]

Trotz eines weiterhin steigenden Bühnenerfolgs wurde das Stück von intellektueller Seite nun heftig kritisiert. Als Schiller sich an der Seite des Weimarer Theaterdirektors Goethe die Rolle des Klassikers zuzulegen begann, wurde die Kritik immer heftiger. Goethe und Schiller beanspruchten, die Normgeber für gutes Theater zu sein, und mussten sich daher selbst an entsprechenden Maßstäben messen lassen. In diese Phase fiel die Kritik des Schriftstellers Franz Grillparzer (1791–1872):

Was Schiller bei mir so außer Kredit gebracht hat, ist mir wohl begreiflich ... Kabale und Liebe [ist] das elendeste Machwerk, das je ein Mann der doch, und zwar nicht ohne Grund, Anspruch macht unter die Matadors seiner Nation gezählt zu werden, aus bunten, glitzenden Lumpen zusammen[ge]flickt hat, und an dessen breiten Worten und hohen Stelzen man unmöglich die Absicht des Verfassers ein Meisterstück liefern zu wollen erkennen kann.[9]

Der romantische Dichter Clemens Brentano (1778–1842) kritisierte den Stil und die Sprache des Stücks und polemisierte:

Ich kann Ihnen, verehrter Freund, über die Darstellung dieses Trauerspiels keine vollkommene Rezension schreiben, denn in der Mitte des dritten Aktes konnte ich es nicht mehr im Theater aushalten und ging lieber einen weiten beschwerlichen Weg durch das Tauwetter, als daß ich meine Seele mannichfaltig mißhandeln ließ.[10]

Erst mit dem Aufkommen der Strömung des Naturalismus am Ende des 19. Jahrhunderts stand man dem Stück wieder wohl gesonnener gegenüber. So lobte zum Beispiel Theodor Fontane (1819–1898) die Wirksamkeit und Dramatik des Stücks. Der naturalistische Bühnenautor Otto Brahm (1856–1912) schrieb:

> *In dem weit verzweigten Gebirgsstock, welchen wir das deutsche bürgerliche Drama nennen, ist „Kabale und Liebe" der alles überragende Gipfelpunkt; und wo immer eine kräftige Weltanschauung modernes Leben abzuspiegeln sucht im Licht der Scene, mag sie an diesem durch die Folge der Zeiten weithin sichtbaren Bilde sich in Größe und unerschrockener Wahrheit stärken.*[11]

Früh wurde das Stück auch in klassenkämpferische, marxistische Zusammenhänge gestellt, wobei gerade sein revolutionärer und obrigkeitskritischer Zug große Beachtung fand.

Im frühen 20. Jahrhundert etablierte sich das Drama vor allem durch die wirkungsvollen Inszenierungen des Berliner Theaterregisseurs Max Reinhardt (1873–1943). Auch diese Aufführungen führten zu einer positiven Beurteilung von Dramatik und Wirkung von *Kabale und Liebe.*

In nationalsozialistischer Zeit avancierte *Kabale und Liebe* zu demjenigen Werk Schillers, das auf den deutschen Bühnen am häufigsten inszeniert wurde. Die Kritiker der Zeit funktionalisierten das Drama, wenn sie in Luise etwa die Verkörperung der „getretenen Volksseele" und im gesamten Stück ein Symbol für Führertum, Freiheit, Artbewusstsein, Volksgenossentum und Glaubenskraft erkannten. Die stilisierte Erhebung Schillers zum Nationalsozialisten und die Beteuerung, dass der Nationalsozialismus „in den gleichen, ewigen Kraftquellen deutscher Art, aus denen auch Schiller schöpft"[12], seine Nahrung findet, scheinen dem heutigen Leser – auch und vor allem angesichts der Handlung von *Kabale und Liebe* – mehr als befremdlich.

Die Popularität Schillers überstand die Gleichschaltung und den Krieg, sodass *Kabale und Liebe* auch nach 1945 wieder häufig aufgeführt wurde. Auf der Grundlage unterschiedlichster Deutungsansätze erfuhren die Bearbeitungen entsprechende Nuancierungen. *Kabale und Liebe* blieb das beliebteste Schiller-Stück an den deutschen Theatern, wenn damals auch weniger seine sozialkritischen Aspekte als der grundsätzliche Pessimismus, die unterschiedlichen Klagen und die vermeintliche Ausweglosigkeit den Zeitgeist getroffen haben mögen.

Fr. Schillers „Kabale und Liebe“: Ferdinand (Gerd Böckmann), Luise Miller (Susanne Tremper); Inszenierung Hans Hollmann; Bühnenbild Thomas Richter-Forgách; Schiller-Theater West-Berlin 1969.

Erst die Inszenierungen der 1960er-Jahre bemühten sich um eine eindeutigere Artikulation der gesellschaftsrelevanten Botschaft. Viel diskutiert wurde etwa die Berliner Inszenierung von Hans Hollman 1969, bei der die obrigkeitskritische Nuance schon durch das eindrucksvolle Bühnenbild vermittelt wurde: Den Hintergrund der Szene bildet hier während des gesamten Stücks eine überdimensional gestaltete sitzende Figur bzw. deren Unterteil bis zur Brust. Unschwer lässt sich die Figur als Fürst im Stile Friedrichs des Großen erkennen, begleitet wird sie von zwei entsprechend proportionierten, links und rechts neben den aufgestellten Beinen stehenden Hunden. Der Fürst, dessen Kopf sich nur erahnen lässt, thront damit während des gesamten Stückes über den Dialogen und über der Handlung. Er bildet den ständig präsenten Hintergrund der Handlung. Regelmäßig auftretende exerzierende Wachen, die selbst nach dem Tode der beiden Liebenden noch die Bühne betreten, deuten die nicht zu brechende Macht der Despotie an.

Andere Aufführungen nutzten nahe liegende Aktualisierungen, um so dem Zuschauer die historische Situation der Entstehungszeit näher zu bringen und den – heute nur noch schwer nachvollziehbaren – Ständekonflikt anschaulicher zu machen.

Darüber hinaus versuchten spätere Inszenierungen auch, das Augenmerk mehr auf die einzelnen privaten Konflikte zu legen. Die Tragik der Liebenden liegt – nach der Inszenierung von Christof Nel in Frankfurt 1977 – nicht etwa im gesellschaftlich-ständischen Paradigma ihrer Zeit, sondern in den Charakteren und der Psyche der beiden selbst. Der Theaterkritiker Benjamin Henrichs bemerkte hierzu:

> [...] *diese Aufführung ist in Frankfurt eher missmutig aufgenommen worden. Dass sie sich nur auf die Privat- und Gefühlsaffären des Stückes einlasse, die „historische Dimension" vernachlässige, war der beliebteste (und bequemste) Vorwurf gegen sie.*[13]

Es folgten weitere psychoanalytisch interpretierende Aufführungen, die allerdings wegen ihrer Exzentrik und der Übertreibungen rigider Kritik unterzogen waren.

Um einen Eindruck einer modernen, aktualisierenden Inszenierung zu vermitteln, sei eine Besprechung von Andreas Rossmann zur Aufführung im Bonner Schauspielhaus von 1993 wiedergegeben:

> *Denn es ist mit Krawallen und Hieben ein Abend der heißen Gefühle, die zumal die junge und sehr klare Luise von Jaqueline Macaulay mit wunderbarer Unbedingtheit verteidigt. In der Ausstattung von Hans Georg Schäfer kann sie sich gegen das heruntergekommene, bunt und billig möblierte Kellerwohnungsmilieu mit Kipp-Sofa und Kruzifix des Musikus Miller behaupten, den Thomas Meinhard als schwäbelnden und sentimentalen Brausekopf spielt; Millers Frau verkörpert Tanja von Oertzen als flachmannstolle Schlampe mit rutschender Blondperücke. Auf der Gegenseite reibt sich Brattias fiebriger Ferdinand in der düsteren High-Tech-Machtzentrale seines minigolfenden Vaters (Eric Schneider) auf, dem Andreas Grothages Sekretare Wurm als steifbeiniger Schmalspur-Goebbels giftspritzend und computergewieft zu Intrigendiensten steht. Und Antje Schmidt als Lady Milford steigt wie eine Echsen-Kreuzung aus Eva Braun und Madonna aus dem neureich-eleganten Bade, ehe sie in hautengen Lack schlüpft.*[14]

Auch wenn der Ständekonflikt kaum mehr aktuell ist, wird Schillers *Kabale und Liebe* auch heute noch viel gespielt – nicht zuletzt aufgrund des auf Spannung angelegten klaren Aufbaus und der scharf profilierten Charaktere. Jenseits aller Zeitbezüge stellen jüngere Inszenierungen die Tragik der Liebenden in den Vordergrund, so etwa Matthias Hartmann 1996 im Münchner Residenztheater.

Literaturhinweise

Verwendete Textausgabe:

FR. SCHILLER: *Kabale und Liebe. Ein bürgerliches Trauerspiel.* Anmerkungen von Walter Schafarschik. Stuttgart: Philipp Reclam jun. 2001 (RUB 33).

Empfehlenswerte Sekundärliteratur:

ALT, PETER-ANDRÉ: *Schiller. Leben – Werk – Zeit.* München: Beck 2000.

In zwei umfangreichen Bänden beschäftigt sich der Bochumer Schiller-Spezialist auf ebenso wissenschaftlich fundierte wie lesbare und ansprechende Art mit Schillers Leben und Werk. Ausführlich wird dabei auch *Kabale und Liebe* behandelt und in den Kontext der Schiller'schen Biografie eingeordnet. Die beiden Bände sind sicherlich in vielen Bibliotheken zu finden. Ein Blick in die entsprechenden Kapitel lohnt sich!

GUTHKE, KARL S.: *Kabale und Liebe.* In: HINDERER, WALTER (Hrsg.): *Schillers Dramen. Interpretationen.* Stuttgart: Philipp Reclam jun. 1992. S. 105–158.

Die Ausführungen bieten in einer detaillierten Zusammenfassung einen Überblick über die wichtigsten wissenschaftlichen Ansätze zu dem Schiller-Stück. Gerade wegen seiner Prägnanz dürfte der Aufsatz an mancher Stelle für den schulischen Alltag etwas zu schwierig sein, eine Facharbeit oder ein Referat muss ihn aber berücksichtigen. Außerdem ist das Reclam-Bändchen auch für Schüler bezahlbar.

GUTHKE, KARL S.: *Das deutsche bürgerliche Trauerspiel.* 5., überarbeitete und erweiterte Auflage. Stuttgart, Weimar: Metzler 1994 (Sammlung Metzler 116).

Auf rund 130 Seiten bietet Guthke einen hervorragenden wissenschaftlich abgesicherten Einblick in die Entstehung und Entwicklung des bürgerlichen Trauerspiels, bei dem auch *Kabale und Liebe* ausführliche Berücksichtigung findet. Das Buch bietet einen gute Grundlage für die Behandlung des Schiller-Stücks unter gattungsgeschichtlichen Aspekten.

SCHAFARSCHIK, WALTER: *Fr. Schiller. Kabale und Liebe. Erläuterungen und Dokumente.* Durchgesehene, erweiterte und bibliographisch ergänzte Ausgabe. Stuttgart: Philipp Reclam jun. 2001.

In überschaubarem Umfang gibt dieses grüne Reclam-Bändchen unverzichtbare Hintergrundinformationen zu Schillers Trauerspiel. Neben ausführlichen Wort- und Sacherklärungen finden sich Hinweise auf die Entstehungsgeschichte und die stofflichen Quellen. Außerdem ist eine übersichtliche Zusammenstellung der wichtigsten Theaterkritiken zu *Kabale und Liebe* enthalten. Einige ergänzende „Texte zur Diskussion" und eine umfangreiche Bibliographie runden den Band ab.

Anmerkungen

1 Zit. n.: *Deutsche Dichter. Leben und Werk deutschsprachiger Autoren vom Mittelalter bis zur Gegenwart.* Hrsg. von Gunter E. Grimm und Frank R. Max. Stuttgart: Reclam 1993, S. 264.
2 Zit. n.: *Deutsche Dichter. Leben und Werk deutschsprachiger Autoren vom Mittelalter bis zur Gegenwart.* Hrsg. von Gunter E. Grimm und Frank R. Max. Stuttgart: Reclam 1993, S. 264.
3 Zit. n.: *Geschichte in Quellen. Renaissance, Glaubenskämpfe, Absolutismus.* Hrsg. von Wolfgang Lautemann und Manfred Schlenke. 2. Aufl., München: Bayer. Schulbuchverlag 1976, S. 605.
4 Schafarschik, Walter: *Friedrich Schiller. Kabale und Liebe. Erläuterungen und Dokumente.* Durchgesehene, erweiterte und bibliografisch ergänzte Ausgabe. Stuttgart: Philipp Reclam jun. 2001, S. 82.
5 Biedermann, Karl: *Deutschland im 18. Jahrhundert.* Band 2.1. Leipzig 1875. Zit. nach: *Friedrich Schiller. Kabale und Liebe. Ein bürgerliches Trauerspiel.* Text und Materialien von Erdmute Pickerodt-Uthleb. 7. Auflage. Berlin: Cornelsen 1999.
6 Koopmann, Helmut: *Friedrich Schiller.* Band I, 2. Aufl., Stuttgart: Metzler 1977, S. 40.
7 Schafarschik, Walter: *Friedrich Schiller. Kabale und Liebe. Erläuterungen und Dokumente.* Durchgesehene, erweiterte und bibliografisch ergänzte Ausgabe. Stuttgart: Philipp Reclam jun. 2001, S. 113.
8 Schafarschik 2001, S. 113.
9 Schafarschik 2001, S. 119.
10 Schafarschik 2001, S. 119 f.
11 Schafarschik 2001, S. 126 f.
12 alle Zitate aus: Schafarschik 2001, S. 134 f.
13 Schafarschik 2001, S. 148.
14 Schafarschik 2001, S. 157.

Ihre Meinung ist uns wichtig!

Ihre Anregungen sind uns immer willkommen. Bitte informieren Sie uns mit diesem Schein über Ihre Verbesserungsvorschläge!

Titel-Nr.	Seite	Vorschlag

Bitte hier abtrennen

Die echten Hilfen zum Lernen ... **STARK**

Bitte hier abtrennen

Zutreffendes bitte ankreuzen! Die Absenderin/der Absender ist:

- ☐ Lehrer/in in den Klassenstufen: ____
- ☐ Fachbetreuer/in
  Fächer: ____
- ☐ Seminarlehrer/in
  Fächer: ____
- ☐ Regierungsfachberater/in
  Fächer: ____
- ☐ Oberstufenbetreuer/in
- ☐ Schulleiter/in
- ☐ Referendar/in, Termin 2. Staatsexamen: ____
- ☐ Leiter/in Lehrerbibliothek
- ☐ Leiter/in Schülerbibliothek
- ☐ Sekretariat
- ☐ Eltern
- ☐ Schüler/in, Klasse: ____
- ☐ Sonstiges: ____

STARK Verlag
Postfach 1852
85318 Freising

15-V1P

Bitte ausfüllen und im frankierten Umschlag an uns einsenden. Für Fensterkuverts geeignet.

Kennen Sie Ihre Kundennummer? Bitte hier eintragen.

Absender (Bitte in Druckbuchstaben!)

Name/Vorname

Straße/Nr.

PLZ/Ort

Telefon privat **Geburtsjahr**

E-Mail

Schule/Schulstempel (Bitte immer angeben!)

Unterrichtsfächer: (Bei Lehrkräften!)

(Bitte blättern Sie um)

Bestellungen bitte direkt an: STARK Verlagsgesellschaft mbH & Co. KG
Postfach 1852 · 85318 Freising · Tel: 08161 / 179-0 · FAX: 08161 / 179-51
Internet: www.stark-verlag.de · E-Mail: info@stark-verlag.de

STARK

15-V1P